# 新濱老街木工班

一場
關於文化及
城市的
再興運動

推薦序

# 星星之火足以燎原：突破來自非主流的力量

一個相對後進的城市經常無意識地複製相對先進城市（尤其是首都）意象，以自證為進步的城市，及堅定住民的自信；此經常表現在摩天大樓、巨型公共設施（如體育館、圖書館、演藝廳、ＸＸ園區）、大型藝文活動、大型國際賽事、捷運等具象可見的「政績」上。然而，這般追趕式發展正是一個城市缺乏文化自信的表徵。

缺乏文化自信的城市就會失去文化主體性，從而做出鏟除「落後」現象（如老房子、狹小巷道、看起來髒亂的產業群聚如五金街等），再配合都市更新計畫（及炒地皮）來將都市空間紋理中的人地事時物等全部抹除，然後移植先進城市的高樓＋公園綠地的標準意象。這般的歷史紋理抹除式施政，受到急於自證為進步城市的主政者及中產階級居民的歡迎。面對主流發展意識型態而居於弱勢的拆遷戶、違建戶、老房子、歷史空間、黑手產業等，縱然有微弱的地方文史工作者奮力聲援及紀錄，通常是默默地被抹除。然後，有一天人們將發現，站在台灣任何一座自認為進步城市的街頭上，竟然難以指認身處何處。

所幸，城市夠大而無法讓發展主流全面地抹除一切的歷史紋理。這座城市也有幸地有一些非主流的新世代青年，在相對邊緣的都市灰色地帶，進行微薄但卻希望能星星之火足以燎原的努力。非主流有什麼力量？人類文明史上一切的發展都來自主流力量，但突破都來自非主流力量。當主流的都市中產階級還在期待聖君賢相式領導人打造進步城市時，這些非主流的新世代青年已經超越當前政治領域的中央集權式領導與大建設，而以協力自造網絡概念來實踐他們的文化保存與紮根理念。打狗文史再興會社的新世代青年們以保存傳統街廓、紀錄片、木工班、城市考古、手作市集、講座、出版、展覽……等方式，連結上越來越多願意重新思考人生、生活環境、都市風貌、社會文化的人們。參與的人們可以各有動機與目的，也會在活動時集結並在活動後消散，而無須結合成為傳統的社團或組織。然而，一個個無形的文化關懷網絡就這樣默默地形成與運作，迥異於主流都市發展作為的另類多元思維正在滋生。

相對於豪宅大樓，老屋是一種沒落；相對於鋼骨混凝土，木構是一種陌生；相對於機器量產，手工自作是一種沒效率。當打狗文史再興會社的新世代青年們將這三種非主流元素交織在一起時，構成相對於當前主流生活方式的異質地誌感，讓參與者得以脫離日常生活的慣習，而在修繕老屋的木工班中，有機會重新思考生命、環境、與文化議題。對於只有鋼筋混凝土思考的當代建築法規、建築師、營造廠與建商而言，木構老房子就只是等待被都更重建的危樓。然而，如果我們問：「一個物件是怎麼形成的？」就會發現，物件凝結了當時社會的共識，基於當時的某種價值觀、需求，及哪些社會行動者因而連結、關係、與運行，才使得物件以某種方式出現與運作，從而造成行動者的某種定位、生活、與行為。若我們思考前人如何與木構房子一起共構生活，就有可能「看到」迥異於當前鋼筋混凝土房子的生活方式，從而映照出當今生活方式的盲點。這就是木構老房子作為異質地誌的魅力。

蘇迪勒颱風侵台之際，臉書上出現幾位朋友哀怨地說：「沒辦法出去吃早餐了。」這些具體而微的現象顯示著當前都市生活已經被資本主義的分工量產方式所格式化，人們只在單一專業工作中賺取貨幣來交換各種制式量產的生活用品，而遠離了自己動手經營生命的機會。打狗文史再興會社的新世代青年們透過木工班的手工藝實作，讓參與者有機會透過木作重新連結起人、土地、社會關係、與跨時空文化，從而進行傳統與現代的對話。親手學習木作不在於學得一技之長以就業，也不在於修復老房子的過程中懷舊，而在於透過異質地誌場域中的身體實作，去體會可見現象背後的不可見精神，從而豐富了生命的內蘊。

新文化的萌發不會是單一現象，而會在各個領域有著文化共構式的此起彼落。教育部黑箱課綱的問題不僅在於違背程序正義，更在於課綱表徵著傳統威權的單一意識形態的灌輸。高中生反黑箱課綱運動呼應了去年太陽花學運反黑箱服貿運動，顯示新世代青年無法再忍受單一權力的為所欲為，也都能以協力自造網絡衝撞出舊世代所做不到的事。木工班不再是過往的技藝導向傳習班，而是一個讓各種生命在此交會的協作平台，在此相聚後又再發散到各個城市角落去展開新生命。新世代青年不再需要卡里斯瑪（charisma）式的英明領袖來帶領集體性發展，而是各個有意識的文化主體透過協力自造網絡來發展自己的生命。當各式各樣的協力自造網絡發展出豐富的多元生命而相互交織時，台灣的新文化發展就開始有希望了。

文／國立雲林科技大學文化資產維護系　林崇熙　教授

推薦序

# 海洋國度・樹木故鄉

來，老街老屋的活化再利用、老技藝的挖掘復興、老地方的氛圍塑造，在台灣的各個角落出現，一時蔚為風潮，背後代表的是人們對本土文化的關注與再檢視，也意識著人們對在地精神的覺醒與詮釋；這股風潮，有別於學院派的論述，不分年齡層，不分職業別，許多人在生活中摸索，在微型創業中實踐，更有人奉為新的生活價值！

二年前，在高雄市鼓山的新濱老街上也開始飄散著木頭的香味，與此起彼落的敲打聲，「新濱老街木工班」的誕生，意味著一場非典型文化行動的開展，相較起傳統的技藝職業訓練，它吸引了許多來自各行各業的朋友，不只是在鑿刀鋸齒間找到內心深處的熱忱與確幸，在過程中，更以行動回應了對周遭環境的關注與營造。以木工學習為初心，透過對城市的考古，重新檢視廣大卻可能被遺忘忽略的建築與空間，木工班，孕育小老百姓的理想熱忱，也承載著我們對時代的詮釋。

台灣是海洋的國度，不要忘記了，台灣也是樹木的故鄉！

很多人忘記了，台灣超過五十六%以上的土地面積是中央山脈中蒼鬱的森林，除了大家耳熟能詳的針葉五木（紅檜、扁柏、肖楠、台灣杉、香杉），包括世界稀有的針葉樹種外，

也有冰河時期孑遺的活化石，林相之豐富多元與其間的高度生物多樣性，也是世所罕見。台灣在日治時期開發的三大林場帶動了本土木材的高度利用，舉凡公共建設、房屋建築、生活器具、技藝成品等，在那個木香處處的年代中，台灣的林產被發揮得淋漓盡致！

木材是樹木的第二生命，它被封存在建築中、生活中、記憶中。木材的魅力不僅因為它是大自然生命的延續，更因為它是跨越時空的元素，對於人們而言，同時有溫潤的親和力，卻也能見證時代的韌性。多數的文化資產建築與設施中，不管是精彩絕倫的構造形式，還是畫龍點睛般的裝飾藝術，木材以多元的樣貌訴說著時代的精神。

在台灣，具備古蹟與歷史建築身份的木作保存，尚可以仰賴有限的專業木作匠師，但對於散佈在全台灣許多角落的老街老屋而言，我們卻有必要尋求另一種保存模式與態度。在摒棄傳統營造發包、專業門檻限制的思維邏輯下，打狗再興會社的「新濱老街木工班」與近年來高雄大學在橋仔頭糖廠的「日式建築大木作修復工作坊」都不約而同地推動了非典型的保存模式，透過學習與工作實踐，從事屬於庶民與公民的文化行動。

「讓學習的過程，就是社會實踐的開始！」這是我對「新濱老街廓木工班」的註解，而這本出版物的誕生，不只是木工班的階段性成果集結，更是很多小人物在城市脈動下的想像、生活與生命價值的詮釋。

文／國立高雄大學創意設計與建築學系 陳啟仁 副教授

# 一群傻子

一群傻子，歷史上很多，在此不贅述。現在呢？其實也不少，在高雄就有這麼一群傻子。最初因為市府的一紙拆遷公文，引起許多關注文史議題（也容易被扣上反發展帽子）的民眾前來抗爭，暫時保住了街廓裡的老建築及在地居民的居住問題。後來，一群傻子就在當地成立了文史協會，期許能提供民眾一個認識高雄老建築、舊歷史的平台，且開始定期帶街廓導覽，認識哈瑪星，並與街廓居民一同查詢核對橫跨日治到民國的戶籍資料，蒐集居民的家庭老相簿，整理今昔對照的街道風景。這群傻子還特別繪製了充滿在地人文風味的地圖①，試圖提供給遊客更深刻的旅行體驗，進而重新認識這塊除了旅遊書上介紹的西子灣夕陽、巨型剉冰、英國領事館之外，其實還存在著許多極具歷史意義景點的哈瑪星。

接著，一群傻子又異想天開的著手整修老舊木造房舍，因此刻左營地區正如火如荼地推動眷村改建，在被剷倒的老房舍下，仍存在著許多具有剩餘價值的廢木料可回收再利用。這群傻子徒手從殘屋破瓦中努力拾回被丟棄的木料，再重新繪製木構整修藍圖，並邀請大木匠師來指導、帶領，最後索性成立木工班，吸引一群又一群熱愛木作的傻子們，大家一起

來跟著師傅現學現賣，從大門框架做到木門窗，從編竹夾泥牆做到泥作砌磚，從日式雨遮做到木構造便所，每學習一次就復原一處，每維護一項就學習一樣。有聰明路人經過總覺得這樣的老屋整修模式沒效率且事倍功半，誰叫這群傻子只會這種工作方法呢？但從二〇一三年九月到現在近兩年的時間，其實這群傻子已經學會了、也實作了不少傳統木構造。而這一年多來，一直都有聰明的路人經過，並給予相同的「聰明」建議。

不過，這群傻子似乎也覺得只整修老屋還不夠，因這年頭拆除老建築的速度遠勝過復原或重建。於是又將木工班課程引入城市考古的學習，讓大家學會辨別、認識、鑑賞、測繪、調查及尋訪老建築，並分工著手盤點旗鼓鹽地區僅存的，且尚未被登錄列管的具有歷史價值的老建築資料，以利未來能即時搶救或累積緬懷悼念用影像，述說在地歷史故事給後人也有圖為證。畢竟，這後工業城市已累積太多還來不及認識就已消失的缺憾，哪怕僅殘存於一小張褪黃的老照片中，若能拾回那一絲絲舊時代的樣貌，都能令這一群傻子感到無比欣慰。

①《民間版哈瑪星旅圖 炒熱老街保存》，自由時報，二〇一三年四月十四日（記者葛祐豪／高雄報導）

此書就是關於這群傻子所做的事情，由會社夥伴和木工班同學聯合撰寫。內容主軸著力於：高雄城市發展與文化資產保存的討論與觀察，以及會社兩年來透過木工班的開設來實踐對舊建築保存的具體行動及策略，全書共分成三章：

第一章——「從一場不是都市計畫的意外開始」。因哈瑪星地區的一處街廓拆除爭議，引起一群高雄在地人民對於城市發展的反省與地方歷史文化的重新認識。梳理近年來高雄市的發展，如：綠美化工程、都市更新，以及形塑城市新風貌的大型公共建設等等，公部門企圖引領高雄朝向嶄新的城市定位，然而其改變過程是否有回應在地文脈與居民的需求及聲音？而會社與木工班成立背後的論述與目的，也並非僅是一廂情願的鄉愁或念舊，而是期許在活動過程中重新詮釋、連結大眾與城市、文化、歷史之間的相互關係及價值。

第二章——「人的風景」，本章的內文與插圖皆由木工班同學主筆，同學們來自各行各業，每位身後都有一個關係圈、一個網絡、一個不同的觀點與想像。此章節是關於同學們學習木工的課程經驗與觀察筆記，這是一種學習紀錄，亦是自我檢視在木作學習過程中的體悟，及爬梳城市紋理時所重新繫起的情感。

第三章——「文化行動的轉譯」，描寫會社與木工班成立以來，組織內部的檢討與反省。思考是否有回應到文化資產保存的問題，以及會社之於高雄及其他民間團體的相對關係與影響，並進一步思考會社（ＮＧＯ）是否有其存在之實質必要？

其實，這地方在二十年前也曾出現一群傻子[②]，當時他們也嘗試向政府提出許多具有遠見的文化觀光政策，只是能具體實踐的極有限。所以如今又再度冒出一群傻子也無需感到意外，因有許多與在地文史牽扯的難題尚未解決，必然又會出現一群新傻子想嘗試解決，只是年代不同就會有不同的處理方式。假若拉開議題與區域範圍，臺灣近幾年來四處都有那麼一群傻子，正努力地付出理想與熱血想要試圖改變什麼，相信聰明的你能夠理解問題之所在。而我們也期許當你讀完這群傻子所做的努力後，願意暫時擱置聰明，一同加入傻子的行列！

②哈瑪星在地居民於一九九五年十月成立「高雄市哈瑪星社區營造工作室」，一九九八年九月將工作室立案為「高雄市哈瑪星文化協會」，對當地提出許多文化想像與觀光願景。

目次

# 新濱老街木工班

## 一場關於文化及城市的再興運動

PART 1

# 從一場不是意外的都市計畫開始

# 城市拆除

高雄，一座典型的工業城市。自日治時期，這個城市隨著港埠運輸發展，帶動了高雄港周邊現代化的市鎮與工業建設，也因此提供大量的工作需求，吸引了自台南、澎湖與嘉義等地外地人，紛紛投入相關勞動市場。城市中的建築尺度與居住型態，也因此衍伸出一種快速、簡易的形式，利於出外人在工作與生活間的便利。尤其在需要相互扶持與照應的異鄉人社會結構中，在這些港區的街廓與鄰里間，更能感受熱情、直爽的文化性格。

然而，自二〇〇八年前後，高雄市政府積極的運作城市的景觀改善計畫，試圖擺脫高雄的「工業城市」形象，陸陸續續推出綠美化、愛河整治的政策，而隨著高雄捷運的完工，二〇〇九年的世界運動會等相關大型計畫，市府更加用力改造環境風貌，希望帶給城市一種欣欣向榮的氣象。其中，位在舊港區域有著濃厚工業氣息，那些看起來「黑黑髒髒」、房子破破舊舊的老社區，卻未符合市府所寄予的景觀風貌，反被視為亟欲掃除消滅的「城市中的毒瘤」。故在二〇〇八年始，市府便大刀闊斧開始進行一階段一階段的拆遷與開闢工程。

## 磚塊變黃金

那整頓後的老街區、被拆得精光的舊房舍，取而代之的，是眼前美麗綠地、花草公園、一棟棟單調聳立並置的高樓大廈。市府驕傲的稱之，這些計畫能提昇市民生活品質、增加遊憩空間，最終還能成為景觀、生態及人文藝術兼具的遊憩環境。並更在其推廣出版物中大聲的說：「市地重劃是替城市加值最好的方式，透過市地的開發，可以讓土地增值『磚塊變黃金』，即使是在被稱為『蛋黃區』的市中心區，也必須運善用各種土地開發的策略才能加速都市更新的腳步。」①

諷刺的是，那些因為舊社區孕育所存在並維繫的產業聚落、街弄文化、天際視野、社會關係，以及周邊完整的生活機能與環境條件，卻成為接連而來的都市更新和土地開發下的附加價值，吸引了投資客、建商、開發商的進駐。其背後的商業算計，加劇了房市與土地的炒作，原社區中周邊的老舊建築逐一進入「賣屋、拆屋、蓋豪宅、買屋、炒作」的無限循環，土地和住所已經不再滿足人安居樂業的需求，而成為謀取最大經濟價值的商品。



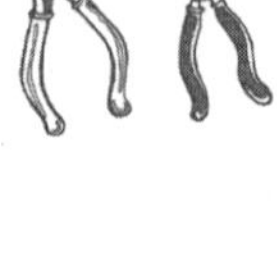

當回頭重新梳理我們的都市更新經驗，除了房地產價值的討論外，其實未見都市計畫所應該關心的核心議題，缺乏實質的對居住空間與生活品質，提出深刻檢討或符合需求的設計，而在新開發地區，尤其忽視與周邊環境的利益或脈絡關係，是否可做延伸、或者是會產生什麼衝突；然而，一個有都市計畫的城市，在其土地上所發生的任何光怪陸離的事情，都不是意外的。當工業廠房轉為商業開發、自然保護區核發建物使用執照、沿海地區提供過高的容積率……等，這些土地未來將如何被使用，都是清楚的寫在都市計畫書中。

①《高雄好生活─宜居夢奇地 生活新樂園 土地重劃 磚塊變黃金》，高雄畫刊，二〇一四年六月

五金街拆除

## 市民缺席

今日，過去高雄許多工業區、商港專區、倉儲區，已經由都市更新，開放其土地使用限制，大量核發建照，如：農十六、美術館特區、鳳山和橋頭等地，新興的建案如春筍般冒出。同時，市府以重整港灣區塊為由，積極運作「亞洲新灣區」計畫，採大規模、耗資鉅額建造公共建設，如：流行音樂中心、旅運中心以及台灣第一條輕軌等工程。而當政府在這城市願景的藍圖上，點上這一顆顆如寶石般發光的城市亮點，好比是建商廣告中的華麗場景，充滿歡樂的情境，讓人充滿羨慕與期待。唯獨，這個城市的居民似乎在這美好的畫面中缺席了。



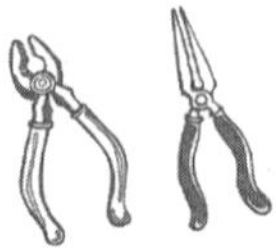

這些新建設、新豪宅、新綠地，是如此的光鮮明亮，充滿生機。使人輕易的，遺忘曾經在這土地上發生的任何事情，原本屬於地方的血脈；遺忘曾經在這裡生活過的人，他們的生命經驗。所有的故事、味道、記憶，在拆除整治工程中完完整整的被抹去，成了廢棄土，被傾倒在市郊外的囤土區，被世人遺忘、被下一批垃圾掩埋。或許，城市面容就是會伴隨著時間，一直改變，而不足以掛心。但非要等到人事全非之時，才會恍然發現：我們錯過了什麼？又失去了什麼？

亦或者是，作為一個市民、一個空間的使用者，在城市面容與環境快速的轉變之中，除了商業利益的模式，也可以沉澱梳理，思考我們對居住與空間的關係，無論是就人際社會、就情感記憶或就功能美學，我們應該可以為這個城市，試證出能具包容性、豐富度，或者是更具在地感的生活樣貌吧！



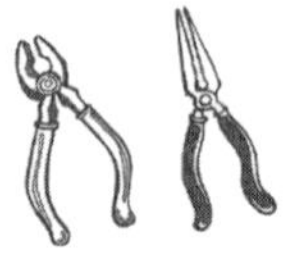

永續環境
綠色生活．宜居城市
高雄
2014年「綠色品牌大調查」
榮獲「綠色生活城市」首獎
HARBOUR CITY
港灣麗池
銷售會館到了
59-62坪｜一層兩戶・雙主臥
五福四路
Wufu 4th Rd
大智路

# 舊建築之於城市

高雄現代化的發展起於「哈瑪星」，它位於高雄鼓山區南邊，與高雄發祥地旗津隔海相望。「哈瑪星」，以日語「濱線」（Hamasen）命名，是在二十世紀初期，由日人填海造陸的新市鎮，以理性的都市規劃，使之成為高雄當時金融與社會中心。而位在本地的鼓山漁市，更是奠定日後高雄作為漁業重鎮的基礎。



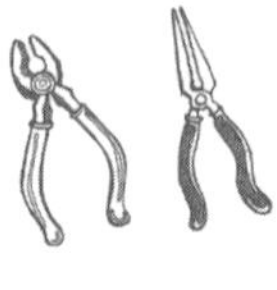

哈瑪星的市鎮發展在一九二〇年代達到飽和。隨著一九三六年「大高雄都市計畫」的頒布，重新規劃行政與運輸中心，將高雄火車站與高雄州廳分別遷至大港埔與前金，城市的發展重心自西往東遷移。然而，影響哈瑪星最重大的轉捩點，是在當地遠洋漁業最高峰期，對於現代設備與港口腹地的需求，遠超出鼓山漁港的負荷。故於一九六三年，政府將漁業中心轉移至南高雄前鎮地區，相關產業也隨之外遷。自此，原本運輸及商業活絡的哈瑪星，亦趨向住商混合的一般社區。

在沒有新的都市發展壓力之下，此地於日治時期所造，如：武德殿、愛國婦人會館與三和銀行等公共建物，以及為數不少的民宅建築，都在這個舊城區完好的存留下來，其周邊生活文化也伴隨著這些建築一直延續到今日。

## 廣三拆遷案

在進入哈瑪星入口的一處街廓，是日治時期第一個被開發的新興街區，歸屬於「新濱町一丁目」的範圍，上面有旅館、木材行、料亭、運送行。後來此街廓被規劃作為車站前的「廣場第三類用地」，故當地普遍以「廣三」簡稱之。此街廓的居民在戰爭前後分別購得土地上的住所，安居樂業超過一甲子的時日。然而，在二〇一二年，當地市議員卻以「建築老舊髒亂」為由，使市府重新執行這「延宕多年」的都市計畫，僅在社區的兩處角落張貼了一紙公文，指示即日起開始進行土地丈量與補償工作，要求居民限期搬離，同時要將自日治時期建造的建築全部拆除，其空地作為停車場使用。



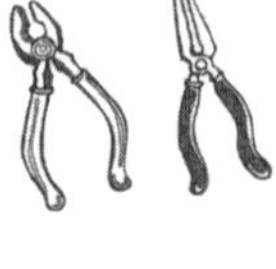

廣三空照圖

事實上，「廣三」這個從日治時期所設計的都市計畫，自戰後到爭議事件的時間點，市政府未曾因應都市現狀，做任何檢討更新，該計畫也始終未有具體執行。歷經一甲子歲月的街廓，躲過二戰時期的美軍轟炸，見證哈瑪星歷史興衰，居民卻於此時將被迫遷離，更不消說，這樣的衝擊對那些一輩子生活在這兒的阿公阿嬤，是情何以堪。他們的生命財產安全、社會保障、居住權益，皆未曾在這場都市計畫的執行過程中，被審慎評估與考量規劃。

廣三的拆遷爭議一案，當時由居民與青年發動抗議行動，選定在三月十七日市政府工務局到街廓進行現場丈量的同日，號召網友一起上街頭抗爭。讓人出乎意料的，行動當天竟出現百位的民眾到場伸援。更不用說搶拍衝突畫面的大陣仗媒體，與SNG車也在現場隨時待命。

然而，如此般的公眾效應並非是偶然。其實在同一時間點，正發生了台北文林苑①被強制拆除的事件。當時公部門強硬暴力的執行手段，引起民眾廣泛的輿論撻伐。想當然爾，為了避免出現如此強烈的民意反彈，高雄市政府亦採取了相較保守的策略，故市長陳菊在廣三抗爭行動後，於媒體曝光的第一時間，便果斷提出「暫緩拆除」的決議。



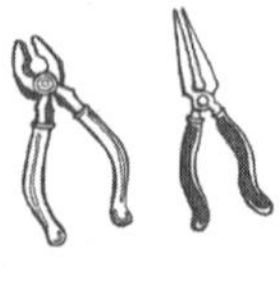

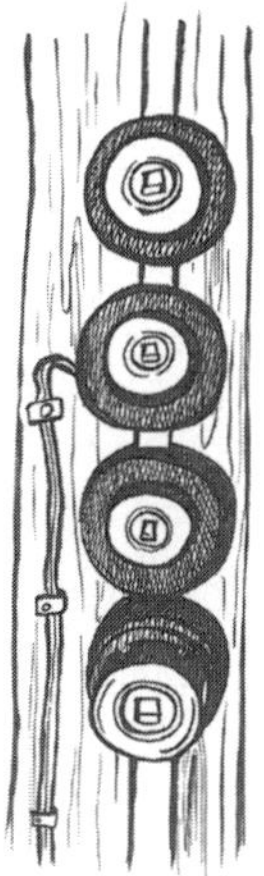

事實上，廣三並非是起單純老屋拆除個案。這塊佔不到一公頃面積的小街廓，它牽扯了都市更新、居住權益、貧富差距等各種層面利益，也代表了城市與社會中多元面向的議題。或許在公部門的操作邏輯下，廣三一案只需要釐清土地、建物所有權，並再套用公式，亦可輕鬆的計算出財產損失和所需支付的補償金額。若再仔細一些，可能是瀏覽街廓內的建築，針對具特殊風貌者進行保留。而其他對於建築裡的那些人、種種的痕跡、過去發生的事情、累積的文化……，因為都不在都市設計的審核準則中，所以就不需要去處理。我們所寄予的城市願景、市鎮規劃設計，似乎在一張白紙上就可輕易的決定所有的事情。

①台北文林苑為士林地區文林路一帶因都市更新而引發的爭議事件。原因於當地王家不同意台北市政府核定的都市更新範圍，並向市府與建商表態「不賣不簽」的立場。二〇一二年三月二十八日台北市政府依法執行法院判決，強行拆除王家住宅，後續引發都更爭議、社會運動及司法訴訟等情形。

招商基地及周邊都市計畫圖
Urban Plan of Site and Surrounding Area
圖例
商業區
Commercial Zone
交通用地
Traffic
公園用地
Park
綠地
Green
鐵路景觀用地
Railroad Green Land
招商基地
Site
特文 特定文化休閒專用區
Special Culture & Leisure Zone
高雄港

細數那些錯落在舊城區的風景，轉角間的五金行，是附近船舶維修整理的補給站，長年的黑油將店面擦拭著發亮；巷子旁偌大的閒置建築，其實是老一輩家族成員從日本人手中買下，房子雖已頹圮，但仍是每逢週末的家庭聚所；山腳下三五成群的小屋子，是沿著柴山的咾咕石，有機地順著山形建造發展而成；船渠邊的房子，是以前漁人所棲身的宿舍……。但它們卻未曾出現過在任何地圖、或是任何一次的都市計畫之中。難道，就意味著它不屬於這個地區、也不代表任何意義或作用嗎？

一個城市需要舊建築，這並不表示這個地方就是醜陋的、發展落後的。這些舊建築是定位城市核心價值，它們是見證屬於這塊土地上光榮的歷程。那些奠定高雄經濟與社會的基石：五金行的黑手、滿足勞工的小吃攤、船員暫時棲身的旅館、緊鄰碼頭的大倉庫及其周邊狹窄密集的工人宿舍、營業數十載的漁貨行、中藥行……等等。這些建築與內涵支持著這樣多元混合的社會關係，維繫著人與人的互動網絡，正也因為它們的存在，賦予了城市其獨特的生命。

鋼索
尼龍繩
電話:3213728 高市鼓元街11號

# 非典型文化資產的保存

在新聞媒體報導上，時常可以見到台灣許多具有文化、歷史價值的建築物或產業設施，莫名遇到火災燒毀、面臨開發壓力而進行重建，或因環境衛生不佳遭檢舉拆除、私有財產變賣改建，也時常聽聞公家老屋閒置荒廢、道路開闢破壞古厝等相關議題，這使得台灣一些保存文化歷史的有志之士，只能不斷搶救及抗爭。

在《文化資產保存法》中，古蹟、歷史建築、聚落、遺址、古物、文化景觀屬於有形的文化資產，與民眾口中常討論的「老建築」較有關係者，屬其中的古蹟、歷史建築及聚落之項目。目前，台灣搶救老建築的行動，多會依據《文化資產保存法》進行提報，一旦進入審查程序後，該建築即為「暫訂古蹟」，期限為六個月，最多延長至一年，經文化資產審議委員會決議，倘若認定其不具文化資產之價值，老建築的下場可能就只有拆除一途。

如果不是在政府所指定、登錄的文資名單內，其他非官方所認定的文化資產、老建築是不是就不用保存呢？這些具有歷史性、常被忽略、在現代空間中身份不明、不



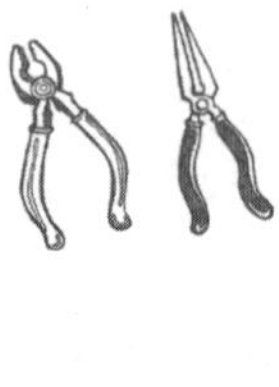

中華藝校
美術科
99.05.06

具法定文化資產身份的老建築，可稱之為「邊緣建築（marginal architecture）」（陳啟仁，二〇一三）。邊緣建築的價值或許不及古蹟或歷史建築，但對於當地區域的發展歷史仍具有重大意義，它與法定資產一同構築出文化空間的縱深。都市的歷史紋理不應該只有單點式的保存，如果缺了邊緣建築納入整體思考，將會切割、捨棄相關演變的脈絡。

## 公部門保存的策略？

在國外，整體區域的保存概念，已行之有年，如日本傳統建造物群保存地區，以及英國的保存區（Conservation Area），但台灣人口集中、產權複雜且都市地區新舊交錯，這樣的概念鮮見真正實行，國內相關法規只有在《文化資產保存法》中的「聚落保存」。但其嚴格的管制規定，常造成私有財產產權人極大的反感，容易引發衝突。區域保存在都市地區窒礙難行，而各個地方保存推動也面臨著不同的議題，故如何找出適地適用、相對應的保存方式，顯得十分重要。

每當重要的歷史資產面臨毀壞之際，除了一再再地進行搶救運動，像是狗吠火車般地無限循環，我們真的只有繼續走典型文化資產的保護方式嗎？或還能有什麼樣更進步的選擇？



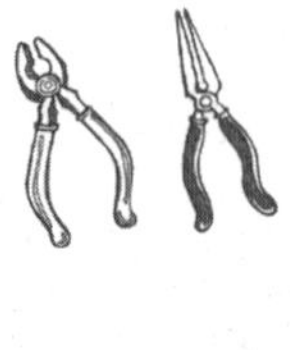

二〇一二年，台南市政府通過「台南市歷史街區振興自治條例」，即是以面狀街區的概念，妥善保存傳統建築群及周邊環境風貌，促進再造、活化空間，加以振興地方藝術文化和產業經濟。不同於《文化資產保存法》的嚴格限制，選擇以彈性的方式保存街區，並針對不具有法定文化資產身份的老建築，指認成為「歷史老屋」。

該自治條例推行時間雖然不算長，但這樣的嘗試對於台灣的邊緣建築保存，已經邁開了一步，也顯示各地方的文化保存策略與思維，應更進以區域作為思考，並注重相關的產業、景觀等面向，來避免過去的凍結式的保存方法。

另外，公部門該如何鼓勵相關產權人，一起加入保存的行列，是政府所需思考、解決的重大課題。其中，跨局處的橫向溝通亦非常重要。老建築的保存不應該只是文化局的業務，其所牽涉到的層面，含括都發局、工務局、經發局、觀光局等部門，若如同以往只是單一部門處理，只會讓台灣的文化保存繼續原地踏步。

鹽埕區大舞台戲院・二〇一三年拆除

南無阿彌陀佛
妙通
素食

## 民間影響力的發揮？

台灣老建築的保存與活化，除了需要公部門的努力之外，其實還能從民間找到能量，更進一步地發揮在地影響力。其中之一，即是「再教育」。過去台灣的教育，對於在地的歷史文化著墨甚少，更遑論文化保存知識，所以，透過讓民眾認識老建築的價值，認同在地文化，進而守護屬於台灣人的資產，是現在許多地方團體常採取的方式。

但如果只是單純的導覽解說來潛移默化，能否達到保存之實質成效，策略上值得加以探討、精進。比如說最為關鍵的產權持有者，要怎樣讓他們看見老建築保存及再利用的價值、老城區整體再生的遠景，以及其所肩負的文化使命，能夠加以珍惜自己所擁有的重要資產，除了解說以外，還有許多方式亦是民間團體著力的主要行動。



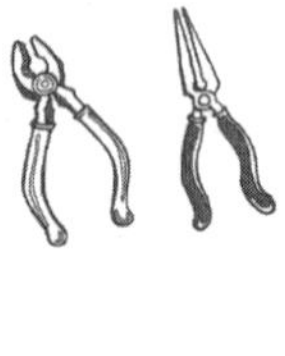

除了人力資源的投入外，國外亦有以「國民信託（National Trust）」進行歷史性建築（Historic Building）的保存與活化的案例，如：美國紐約移民公寓博物館（The Lower East Side Tenement Museum）、英國柴郡的紡織工業博物館（Quarry Bank Mill）、澳洲雪梨生活博物館（Sydney Living Museum）等操作模式，除了收購具保存價值且面臨拆除危機的老建築外，更運用國民信託基金來挹注這些歷史空間，進行環境改善、經營、推廣，使得老建築的生命得以永續發展。目前台灣老建築相關的信託機構，有台北古蹟公益信託基金及台灣國民信託協會，然其成效仍有相當大的努力空間。

那麼一般大眾又能發揮什麼樣的力量呢？當有少數的人發現具有保存價值的老建築，可能面臨拆除時，進一步聯繫其他關心的人士、團體，並廣發搶救訊息，是現在常見的做法。但如果透過自身的興趣，加以深入瞭解在地脈絡、歷史價值，大家都能成為替老建築發聲的人，進而影響更多民眾一同關心，集思廣益老建築的未來，甚至有機會可以說服或感動產權人，發揮公民力量的最大效益。

TOYOTA
XL·1621

328

# 需要一個ＮＧＯ[1]嗎？

## 打狗文史再興會社緣起

二〇一二年之前的高雄，若老建築（公有或私有）具有文化資產保存價值，但在產權擁有者亟欲拆除另作他用的情況下，能被說服並完整保留下來的案例極為稀少。但又隨著近年來文化資產保存議題在社群網站上看似熱絡的分享與散播，全台灣彷彿有越來越多的人慢慢能開始欣賞有歲月痕跡的房子。保存老屋似乎一夕間成了顯學、成了一股風潮。而在高雄，這股顯學與風潮來得較為遲緩，在歷經了擱置多年的紅毛港遷村抗爭、公園路五金街拆遷抗爭、打狗驛鐵道保留運動、中都地區拆除、眷村改造……等事件風波後，漸漸有一些人意識到記憶中的老高雄似乎已被拆光抹淨，取而代之的卻是高聳冰冷的大樓華廈，或是虛空閒置等待價格增值的頹樓地皮。而會社之所以會偶然地成立，起因於二〇一二年三月發生在哈瑪星的廣三用地保存抗爭運動，正當市府再度想伸手拆除哈瑪星老舊建築時，引起許多關心文化資產保存議題的民眾前來聲援在地居民，所幸最終獲得市府「緩拆」的溫情回應，然而官方與民間在此議題上仍未有具體共識，在保存抗爭之後，在地居民與反對拆遷的民眾共同成立了一個ＮＧＯ組織——「打狗文史再興會社」，以此作為民間與官方對話窗口的平台。

①ＮＧＯ（英文：Non-Governmental Organization，縮寫ＮＧＯ）意旨非政府組織，一般也指非營利組織。



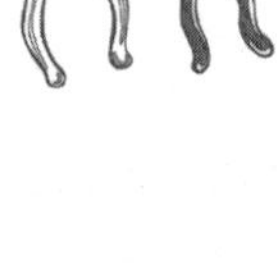

都文化藝術倉庫
說好的文化呢?
正義

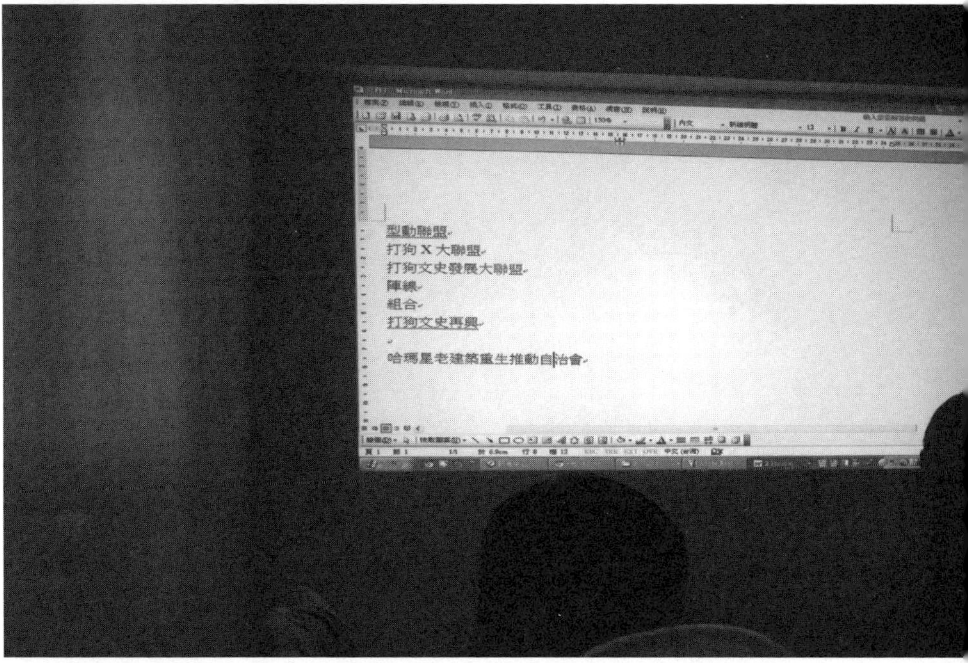
型動聯盟
打狗 X 大聯盟
打狗文史發展大聯盟
陣線
組合
打狗文史再興
哈瑪星老建築重生推動自治會

## 在地ＮＧＯ能做什麼？

在一個國家民主化的發展過程中，公民運動越蓬勃積極，民間與政府部門互動（抗爭、公聽會、互助合作等）越頻繁，人民的聲音可以有效傳達給政府，而政府也能積極回應與改善處理—相信若能有如此的社會氣氛，對一個國家的運作其實是很有助益的，畢竟一個龐大的國家機器在運轉，民間枝微末節的事情未必都能無微不至的照顧到。會社成立之初，為了有效凝聚公民的力量，剛好紀錄片「牽阮的手」上映一段時間，會社成員就在社區戶外播放影片，並邀請導演來映後座談，讓大家知道這地方，也同時認識台灣這塊土地上的故事。接著就是街廓導覽，試圖透過現場導覽來讓民眾理解為何這裡的老房子值得保留，並讓民眾體悟城市在文化資產保存上的意義與價值。而為了能更有效的提供民眾學習到文化資產保存的相關議題，會社舉辦了「哈瑪星文化資產推廣教育論壇暨工作坊」，邀請台灣古蹟研究先驅李乾朗老師與高雄大學創意設計與建築學系陳啟仁老師，一同來帶領民眾進入文化資產保存的領域。會社後續又與高雄海洋科技大學王御風老師一起合辦「打狗講堂」，講座內容不僅從文史保存議題延伸到環境永續議題，也關照了在地工藝的傳承與社區發展經營。所有活動與講座的舉辦，無不希望能讓高雄市民有更多有別於官方色彩的討論與想像。在活絡社區的部分，會社不定期在假日舉辦新濱手作市集，以「手作」為主題以呼應木工班的推動，也因考量到社區原本靜謐樸實的氛圍，所以僅利用假日白天的時間



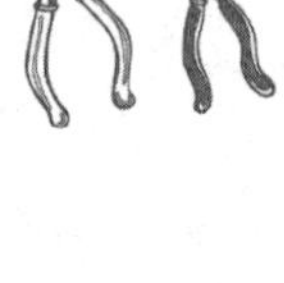

來舉辦，當地居民也會一起參與市集。而市集的推動無形中也匯集了人潮，並讓更多的人知道哈瑪星仍保存著源自日本年代的完整街廓。

高雄在地的每一個ＮＧＯ組織都扣連著一個關鍵議題，如：一九九二年「柴山自然公園促進會」，由一群喜愛柴山的文人、醫師及各行各業人士所組成，並於二〇〇一年立案簡稱「柴山會」，其宗旨為關懷高雄地區柴山生態、及台灣山林保育、水資源永續發展等環境及文化議題；一九九四年設立的「美濃愛鄉協進會」，以「一場起於反水庫卻永無止盡的社區運動」為許諾，二十多年來努力實踐其「促進地方發展、提昇美濃地區教育、社會、生態、農村及文化生活品質」的宗旨；一九九九年設立的「左營舊城文化協會」，當年因左營舊城一所小學蓋起六層樓高校舍，完全破壞了舊城的天際線，當地教師為此向公部門提出建言以利古蹟保存，自成立十六年來在高雄積極扮演文化資產守護者的重要角色；另有一九九四年成立的「高雄市文化愛河協會」，一九九五年成立的「高雄市綠色協會」及「哈瑪星社區營造工作室」（一九九八年立案改名「哈瑪星文化協會」）……等長期關注高雄在地各類議題的人民團體，一、二十年來燃燒著對這城市難以估量的熱情，無時無刻監督著公部門的政策，以利城市往更完善、更多元的面向發展。

# 文化保存僅是懷舊鄉愁？

「可能有人會認為那些都是過時的東西，只不過是舊時的殘餘，對開拓未來的日本也許不會有任何幫助作用……歷史就好像樹根一樣，樹根衰弱了就不能養育健康的樹枝、樹葉和花朵，就算能夠存活也會變成像浮萍一樣脆弱的東西。只有擁有深遠歷史的國家才能具有樹立不倒的力量，我們必須珍惜傳統，但不是單純地回歸過去，而是讓過去活在當今。」

——《日本民藝之旅》，柳宗悅 著；遠足文化出版。

打狗文史再興會社是一個很年輕的文史保存議題的民間非營利組織，從二〇一二年設立至今才三年多的時間，但已吸引許多民眾重新認識哈瑪星及高雄在地歷史，也有日本旅人前來會社探尋追憶其先父長輩生活於哈瑪星的足跡。除了靜態的文史資料展現，會社舉辦的傳統技藝工作坊也讓民眾具體學習採用在地材料的風土建築工法與手工藝技術，並間接認識早期的風俗信仰與土地倫理。在當今老屋保存再利用的手法不外乎就是經營複合式餐飲空間，而老空間氣氛的營造上也容易令人直覺地感受到某種懷舊鄉愁。在台灣長期欠缺歷史感的社會環境中，具有象徵懷舊鄉愁的物件極易被商業空間廉價地挪用佈置（甚至公部門也樂於此類操



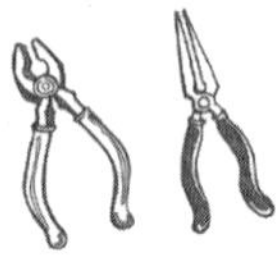

作）；而假使消費者也在複製、貼上的簡化思維下去理解感受這樣的環境與物件，過去的歷史將被重複的樣板化、道具化、去脈絡化，而我們永遠也沒有機會讓過去「活」在今日，而僅是讓過去「擺（貼）」在今日。有鑒於會社並非是一間複合式餐飲店，它是高雄在地關心文史保存議題的ＮＧＯ，讓過去「活」在今日是會社的重要使命，那絕非是懷舊的、鄉愁的、對過往的浪漫想像，而是一種歷史脈絡的延伸，一種思考從何而來，從何而去的歸屬依循。高雄在地的ＮＧＯ組織前輩們已經努力了一、二十年，會社也期許能繼承前人的使命再往前走一、二十年。

你我若想繼續延長除了記憶裡，照片裡，還有那真實場景裡的高雄「鄉愁」，我們可以怎麼來做呢？切記，其實這城市真心想保留這些歲月痕跡的人可不是多數，除非那裡是可以喝杯咖啡、打個卡、拍個照並可向友人炫耀那帶點歲月痕跡的知性環境。只是很多具有如此條件的珍貴老建築，在還來不及被重新粉刷妝點前，就已經無聲無息地被無奈地拆除，空留一片無限的遺憾與問號。

# 舊空間的未來世代

日治時期，因緊鄰於打狗新式車站（現鐵道故事館），新濱街廓內以商號、旅店及料亭的商業聚落為主，建築以紅磚牆、木造或是洗石子等各種形式構成，呈現出多元豐富的市街風貌。會社的辦公室，位處街廓的核心，其前身便是日治時期佐佐木商店高雄支店的倉庫，商店的本址就緊鄰隔壁，是棟兩層樓白色洗石子立面的木構建築。

事實上，在保存運動的初始，夥伴們為記錄這些老建築而爬上每棟建築的屋頂，意外地發現其中一棟屋架上的「棟札」（上樑記牌）仍完好如初，木板上黑色毛筆字清楚地記載著建築上棟的日期為「昭和四年（一九二九年）四月合日」。這個發現讓我們確認了建築的起造者，亦是日人富商——佐佐木紀綱；當時他在台灣各地經營土木營造及建材販售。此商社的設立並非巧合，鄰近哈瑪星的愛河，在日治時期高雄港開港後，亦因日本工業運輸的需要，成為輪船航行的主要航道，木材等建築材料成為此港口重要輸入品項之一。戰後初期更有許多木材場與磚窯場，均利用愛河運送原料與成品，造就了愛河沿岸的木材工廠及運輸業發展。

佐佐木商社棟札上的三尊神祇守護
請負人（營造商）湯川鹿造
願　主（業　主）佐佐木紀綱
棟　梁（木工頭）佐藤淺吉

我們從這些木材吐露出的資訊，在建築中呈現的樣式、上頭標記的文字，推測出房子與造屋人的關係、承造的工務店等訊息，成了我們認識過去、傳達未來的連結。當年佐佐木商店在台南、嘉義設有據點，至今全台僅剩這間高雄支店，仍原址原貌佇立在我們眼前。這也再次示意著：舊建築的存在，就是活生生的歷史見證者，富含著多種層次的含義。無論是其環境的發展背景，或建築工藝的意義、建築的生命歷程，可以提供我們資訊以助瞭解歷史，溯源文化軌跡，甚至是詮釋或建構新世代的論述。

## 契機

台灣在舊建築保存活化策略，多半仍單一化的商業取向，經常忽視其空間脈絡，而發展出空洞且空有其表的經營模式。在種種的現況挑戰、議題討論間，夥伴們於是開啟了「木工班」的念頭——為何不自己培養能力，利用拆老屋所回收的二手木料，來幫助這些老房子的修復呢？特別是，廣三因都市計畫法之故，街廓內的建築仍保有完好的特殊風情，其條件更滿足對於文化、歷史，甚至是工藝技術領域，一個最直接的學習現地。



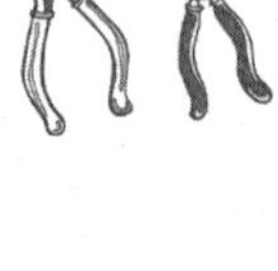

18
再興會社
打狗文史
反核'
NO NUKES
不要再有下一個福島

這個想法實際的具體成形，是在廣三經過學術單位的歷史調查後，高雄市政府仍無法提出具體決策，會社的全區保留訴求依舊面臨僵局；同時間，高雄拆老屋的動作「遍地開花」，身處於這難題之中，會社向高雄市政府文化局提議，共同對文化部提出「區域型文化資產環境保存及活化計畫」申請。該計畫以落實文化資產之在地經營、推動非法定文化資產的自立修繕，鼓勵常民參與文化事務等為核心目標。而這個計畫精神也因應了官方與民間「同心不同調」或「同調不同心」的現狀，提出了一個交流平台。我們與文化局在二〇一三年獲得該計畫的經費補助後，同年九月亦正式開始了我們木工第一班的課程。

一般學習木工的場域，多半會是在備有完整設備的水泥建築或鐵工廠內，然而，會社打從初始，就定調在老屋裡學木工。我們的教室在廣三抗爭之前，是一處被閒置廢棄多年的空間，它原為木造與紅磚混合的街屋，是屬於永豐餘紙業的財產。過去很長一段時間是該企業的員工宿舍。然而當我們遇見它時，其木造的部分早已拆除，只剩紅磚牆，連個屋頂也沒有，整個建築立面也僅以鐵皮圍起，裡面則是雜草叢生、流浪動物的暫居所。這棟被遺忘的空間，在經過多次與永豐餘的爭取及協商，終於同意以無償的方式，租借給我們木工班使用。



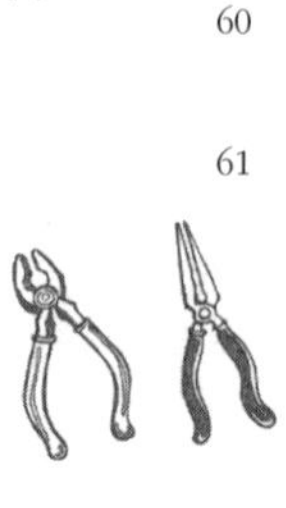

## 學習方法

會社木工班，其實就是以「手作木工實作」與「城市考古舊建築探查」，兩大主軸課程相輔相成。在木作課裡，有木作匠師、木工國手作為課程師資，透過他們分別在古蹟修復及木作職業的經驗，除教授技術外，也傳承「know how」訣竅。學習中，我們將回收的廢木料作為練習的材料，使這個城市的餘材，透過教育學習重新被賦予二次價值。這些木料都成了學員的導師，它們的榫頭、釘子、木紋，傳達出所有的訊息；藉由觀察、判斷，到觸摸加工，去理解它的屬性，看到它在建築裡的位置、它又是如何與其他建築構件組合。

在每一期木工班課程最後的階段，我們都會安排以「建築木工」為題的任務。其施作的對象就在新濱老街中的木工教室。從木工一班、二班，由傳統匠師帶著大家一起做門面的大木結構，到三、四、五班又重新製作窗框、窗扇、門框，將建築牆面的空洞填補回去，接著所有夥伴再一起陸續把大門扇和氣窗完成。所以這間木工教室是大家一點一滴，把房子慢慢地「恢復」回來的成果。

藉由街廓的場域，我們在木建築群裡學做木工，它是最直接的環境教育，讓大家從建築裡，瞭解如何將每根木材相互支撐、組合，成為不同的設計，達到構造趣味與空間樣貌。因為建築，它蘊含的知識讓世代的文化可以因此存留；也是透過建築，我們可以穿越時空，與過去及未來對話，創造舊空間記憶的未來世代。



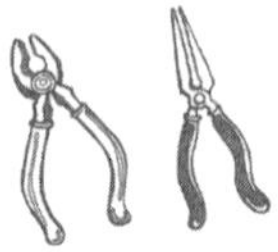

木工教室前身

# 一種探索家鄉的概念

很多人都說，會社開設的木工班很特別：第一，我們的匠師教授大木作技術，第二，我們有「城市考古」這個活動。成立以來，我們認為向民眾傳播技術知識和環境教育是提倡文化資產保存最重要的核心，而資源與力量則來自於社區參與。我們發現關心文化資產與年齡層毫無關聯，但對其事務有著好奇與熱忱的民眾，往往不得其門而入。對此我們提供一個討論環境，「城市考古」作為給民眾一種除了談感覺、鄉愁、拍照以外的介入方式，我們的理念是：任何文化資產價值的討論都應該建立在蒐集文史資料、建築調查、比較分析、訪談歸納等理性客觀的基礎上。

「城市考古」這個課程的發想，來自於國立高雄大學永續居住環境科技中心專案設計師黃朝煌的想法，他認為可以把以往學術調查報告書的內容重新包裝，讓一般人能很快上手操作。二〇一四年一月時我們邀請他一起討論木工二班的方向調整，因為我們不只希望社區木工班教會學員木工技術，也希望有歷史人文的省察，而這個提案可以幫助木工班的學員關心身邊的環境就像看待手上的木料一樣——如此藉由木作而衍伸到實地調查，「城市考古」正是我們所需要的。



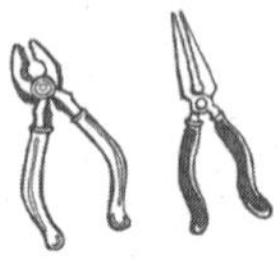

## 尋寶遊戲

這個課程很像在操作一種尋寶遊戲，或許大家也有過類似經驗，譬如最近關注於某件事物，就特別容易在路上看見它。我們都曾是對老房子一無所知的人，在各種契機下學習欣賞不同的老屋之後，時間一久，發現自己總能在幾百公尺外的縫隙間看見類似的老東西藏在角落，從此以後眼睛不由自主地搜尋已成為一種心智習慣，這也是課程最希望帶給大眾的一種體驗。我們的第一步，就是讓學員走進那些一輩子可能只有經過，或者錯過，但從未認識過的城市角落。先用 Google 地圖由遠而近、由大而小地去觀察城市紋理，找尋可疑的目標，再去現場驗證，確定對房子有感覺，再嘗試進行下一步。這個階段讓參與者善用空照圖建立自己的空間觀，也仔細地審視自己居住的城市、住家的周遭。

「請到處去走走看看吧！」朝煌老師這樣說。我們讓學員在哈瑪星與鹽埕找尋自己鎖定研究的老屋，但從不指定房子，因為找尋的過程也是一個練習，而審美標準是很主觀的，用單一的標準指定老屋是不合理的事情。因為即使是木工班學員自行選擇，幾乎也就是「城市中爭論不休的保存課題」的縮影。究竟老屋、廢屋、破屋、克難屋、危屋、鬼屋是不是同一個東西呢？屋裡的生活是什麼？屋外的世界像什麼？為什麼年輕人租一間老屋來搞感覺「很潮」，而一輩子住在老屋裡的老夫妻，他們常民故事就不被重視？看見老物件那種怦然心動的感覺從何而來？我們如何才能不被破爛的表象所蒙蔽？又，如何從垃圾堆中找尋被批評得一文不值的文化資產？民眾和政府真正關心的是老屋還是老屋裡的人？喜歡老房子是不是神經病的一種？覺得老房子應該淘汰的觀點是不是正確？相信大家和我們都曾短暫迷失在種種的疑問，我們都在經歷這種掙扎與困惑後，省思產生新的思維。

## 理性與浪漫

「城市考古」從二班經歷到五班，他們能親眼看見木造技術的遺產就藏在老街區裡面，應用老屋調查的技巧與建議，如：中研院台灣百年歷史地圖與電子地籍系統等工具，建立城市歷史的時間軸與空間觀，也經由實地走訪地政事務所，看見了地籍資料裡老屋寶貴的產權歷程與現實中保存所面對的難題。在實地考察與資料蒐集兼備之下，建築現場與蒐集來的文本產生了超連結，學員也能在彼此成功與挫折的過程中，體驗到解讀資料的喜悅。

我們歸納出「好奇心」與「說故事的能力」是「城市考古」最核心的兩個要素。課程中不允許太多浪漫想像的描述，而是務實地找尋證據，從解析得到的資料拼出一篇篇老屋的故事。每一期成果公開發表會上，透過十多位學員的眼睛，帶領大家進行了十幾場微旅行。結業時學員們曾說，因為這堂課，他們看見了從前不曾注意的東西，而新一期的學員也告訴我們，他們是為了「城市考古」而來報名。

我們認為把田野調查的過程簡化，雖然有粗略之處，卻能吸引一般民眾入門，他們重新審視居住的街區、自家周遭可貴卻被忽略的文化資產，進而在課程的分享交流下，提升審美觀並產生土地認同。也正因為這些調查活動中注重理性的方法，



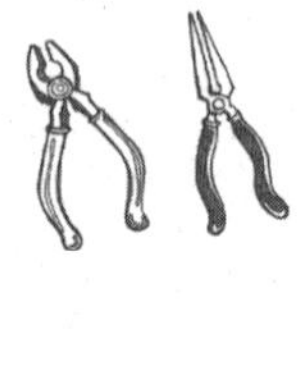

所以才有足夠的說服力。觀察、調查、訪談、分析累積出來的材料，就是居民、房子、社區的生命史，而不應該只當它是一份報告。其實，房子和人一樣也有生老病死，沒有永遠，但可以永續，所以需要很多的證據、故事和未來提案去支撐繼續存在的意義，而當這個意義強大到眾人都被說服，承認生活中沒有老屋很無聊、沒有老街不知道要吃什麼、沒有老城區會忘記自己是高雄人，高雄獨特的生活樣貌將會得到最佳詮釋。

## 認識故土

我們不是在提倡老屋保存，我們是在提倡認識老屋。但是多數人誤解了，以為我們盲目地歌頌老屋的價值，甚至戴著政治眼鏡看待。你能想像如果對老屋的價值和修復技術沒有任何正確的認識，未來就算進行保存修繕了，也會是老街區一場全面性的災難嗎？事實上，現在已經出現了一些荒誕不經的「老屋拉皮」、「老屋回春」了。

雖然持續不停地汰舊換新本是城市的常態，但仍有非常多朋友默默地用文字或影像記錄，為這些變遷留下一點證據，並透過書本、網路傳播給更多人。紙本上我們有《高市文獻》等書，網路上我們有鞠園，還有現在遍地開花的臉書專頁，認



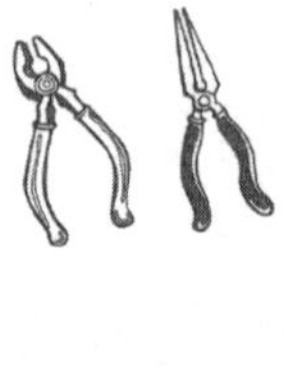

識故土像是一股擋不住的浪潮，城市發展的方式開始有眾人討論的契機。我們希望保存那些高雄美好的部分，避免生活環境看似提升的同時，那些令人難忘的人事物卻也不知都去了哪裡？最後你才明白，其實你的家鄉有沒有變得像哥本哈根並不是太重要，你其實希望它變得「很高雄」，一個常民價值，多數人記憶裡承載的。可是民眾不瞭解自己的觀感很重要，突破不了表象的框架，最後政客和財團的想像力絕對會令你大吃一驚。我們現在已經學會，如果民眾水平沒有提升，想法就難有變革，那也改變不了政客和財團，沒有出聲的我們也將成為共犯。

這座城市能說的故事還很多，但常常還沒有人寫下來就消失在地圖上，有人批評支持保存者太浪漫，但這類議題其實不能只看政治或經濟面向，這也不是你家離捷運只要三分鐘、鄰近萬坪公園與大賣場才叫實際，這是一個我們來自何處的問題，正因為土地與大多數普通百姓的情感是緊密相連的，所以我們才必須提倡「城市考古」這樣的活動。有朋友會問：「對於文化資產的保存，我們一般人能做些什麼？」主管文化資產的高雄市政府文化局提供了古蹟歷史建築的提報機制，官網上即有古蹟歷史建築提報表的下載連結，鼓勵一般民眾主動提報。因此「城市考古」中所習得的技術，便可將蒐集歸納過的資料，轉化為填寫古蹟歷史建築提報表之用，這便是我們企劃「城市考古」的最大願景，讓民眾從不瞭解到關注，從關注到行動，再把行動化為轉變的力量。

# 人的風景

PART II

# 貼近生活態度的木工班

文／趙函潔（木工二班，高中教師）

小時候，我們總希望長大。因為長大變成大人後，就可以自己決定許多事情，包含真正想玩的「玩具」、想把時間與精力浪費在哪裡。

生活，不外乎習慣、方式、場域和最重要的態度。而性格、「信仰」，便決定了我們往哪裡去、如何生活，不斷累積且完成每個人獨一無二的樣子。

## 無關性別，有關性格

「妳參加木工班？」、「木工班在做什麼？」、「為什麼要去木工班？」、「做木工不會很危險嗎？」、「妳們木工班有什麼作品？」從順利抽籤得以加入木工二班以來，基礎班一個半月，進階班則天數不等、端視要完成的目標而訂。從完全不懂那些生硬的專有名詞開始，像盲人摸象般的一步步摸索。

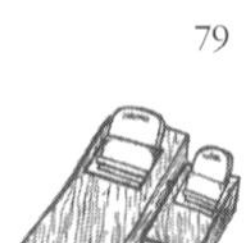

我們完成了門框、窗框，還有雨遮、木門以及無雙窗。我們的「作品」都無法帶回家，因為它們是大家的、是社區文化的一部份，是與城市共生共享的角落。但是過程中所有辛苦與歡笑，卻是只有一起工作的學員們才能「獨享」的記憶。那些週末，每個磨刀、鑿孔、鋸切、刨木的時光，創造許多「解憂」的魔幻時刻。

因為喜歡木頭的觸感與質感、想要學習製作、修復木工的技藝，或是認同會社的理念，所以聚集了大家來到這裡。參加木工班的女生比例不算少，進階班時，甚至是一半或超過一半的人數。我想，做木工這件事，與性別是無關的。每個人的個性、習慣不同，而速度、精細度、完成度，都與自我要求、能力相關。材料與製作的人，每次碰在一起都是火花。每個部件是否能順利接合、成品是否能確實發揮作用，都在最後一刻才揭曉，這也是木作吸引人之處。成功組裝完畢時，大家會很興奮的不斷開關窗/門，並要求拍照，我們常在照片裡凝視著自己帶不走的作品。那些馬不停蹄的連續趕工週末，讓對木工的愛好也未曾停歇，能夠持續不懈。



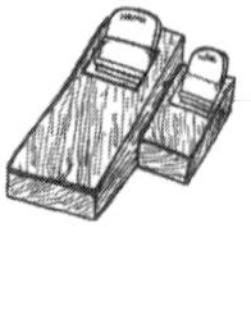

# 木頭和人一樣

做木工也是一種美感的訓練，配置木板、注意比例，作品除了要能正常使用，也要好看，包含長寬高厚、角度深度、還有整體和諧感。木頭和人一樣，都是獨一無二、沒有完全一模一樣的，木紋方向、「結眼」、軟硬度、濕潤度、彎曲度等，在下手開始處理木料之前，就必須通盤考量。做木工時，尺寸必須準確，尤其細木作；對我們來說，最大的挑戰就是精細度，門窗開合之間的縫隙，是以「公釐」為單位的。因為「失之毫釐，差之千里」、「牽一髮而動全身」，只要是必須組合的構件，就必須兩邊都注意、邊做邊試邊調整。我們會評估自己的技術和可能出現的誤差，大家習慣留「份」，在放樣的時候多留一些空間，只能多不能少，每個步驟都必須謹慎，木頭可任人塑造，它不會說話、變動，只會隨著你的每個動作逐漸成形。木頭還很誠實，多一分、減一分的不可逆性，讓誤差全變成最後要處理的問題。



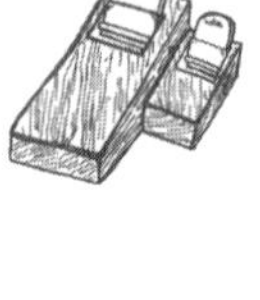

# 修行人生

木頭也會反應情緒、反應個性，從修鑿、敲擊的選擇方式，可以看出、聽出學員的性格；女孩通常力氣比較小，無法連續敲擊，需要比較長的休息時間。我們製作的時間，幾乎都是一整天，這麼長的時間裡，不時與夥伴說說話、打打氣，在每個敲敲打打、鋸鋸切切的時光縫隙中，談天說笑。大片的休息、談話時間，通常是中午散步覓食的來回路程，我們說著木工班發生的事、彼此最近生活的事、交換對不同事物的看法，做木工是大家短期內的共同目標，情感的連結建築在作品上，「木工」不僅是我們的興趣、也成了生活裡的一部分。

雖然做木工耗時耗神，但是看到眼前的伙伴、耳裡傳來不間斷的敲打聲，大家認真做木工的畫面，是我覺得最美的風景，也是木工班重要的收穫。做木工時，我們總是站著、總是彎腰，常常埋著臉獨自面對木頭，卻在抬起頭來時，會看見大家，我們會偶爾給彼此一個微笑、一句溫暖的問候。在動手的同時也動口、也思索，在放樣、製作、修正、解決問題的每個環節裡，似乎也正在修行，學習著、面對著自己的人生。這是那一年，「木工」所教會我的事。

# 一起做一扇窗

文／王威棋（木工三班，學生）

木構窗戶，在我記憶中是老舊國小、國中校舍中常見的配備，一扇扇小巧可愛的氣窗搭配著毛玻璃陪伴著我度過美好的童年。隨著校舍老舊不堪使用下，母校的校舍一棟一棟的改建，換上鋁製窗框與窗戶，童年的美好回憶好像也隨之黯淡了起來……直到最近有機會接觸木構窗戶，才讓自己想起童年也曾有木構窗戶陪伴的日子，伴隨著漸漸清晰的記憶，我也開始注重老屋的保存與文化傳承的重要性。

## 撫摸舊木料

我所接觸的木窗，是自己與夥伴們藉由一根根從被拆除的日式老屋內的舊木料所製成。這些舊木料上頭佈滿著鏽蝕的鐵釘與斑駁的油漆，需要把鐵釘一根根耐心的去除之後，才能安心撫摸手上的舊木料，去感受它的重量與質感。大夥兒們細心的找出每根釘子的位子，並且把釘子拔除。確定沒有釘子之後，我們使用鉋刀整理表面，一次一次的拉出鉋花讓舊木料掀起它的面紗，宛如重獲新生般在我們眼前展露出美麗清晰的木紋。



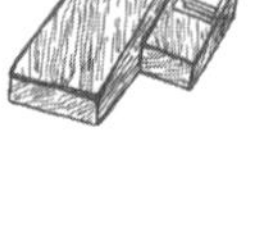

舊木料上頭佈滿著大大小小的釘孔，看似有點不牢靠，但與現代大多數的建材相比，好的木材不會因時間而快速減弱自身的強度，反而在使用後會先提升二到三成的強度，之後再慢慢地減弱。並且舊木料能從以前保存至今就表示該木料已經與外界環境取得了自然調節的平衡，如同日本的法隆寺經歷了一千三百年的歲月，在需要修護的時候也都是使用舊木料進行抽換，其原因也在於環境的適應上有著穩定的優勢。

能安心撫摸舊木料後，再使用鉋刀的整理它的表面，除去它陳舊的外觀，引出舊木料最原始的木紋與色澤。經由這樣的修飾後，不細看還真的看不出是已經被使用過半甲子的舊木料。在舊木料的木紋引領下我們開始認真放樣，希望能做出最穩固的木構窗戶。因為追求古法製作的方式，我們使用傳統的榫接技法，把整理完的舊木料一一接合起來。

要做好一個榫接需要有精確的放樣和良好的鬆緊度。太鬆，結構力不夠強；太緊，則沒辦法讓榫頭與榫孔緊密結合在一起。夥伴們在榫接這方面下了很多的功夫，不只需要細心，還需要耐心一刀一刀的修出平整的榫頭與榫孔。當榫接成功接合的當下，滿滿的成就感也穩固的鎖在了每個人的心中。

最後的步驟就要把所有的榫接一個個試組起來，並且一步一步地測量每個部分是否都有達到水平，如果製作的過程中有一點點的誤差，都可能會造成成品的變形。在先前培養的細心與耐心，成為之後我們對木作每一個步驟的堅持。

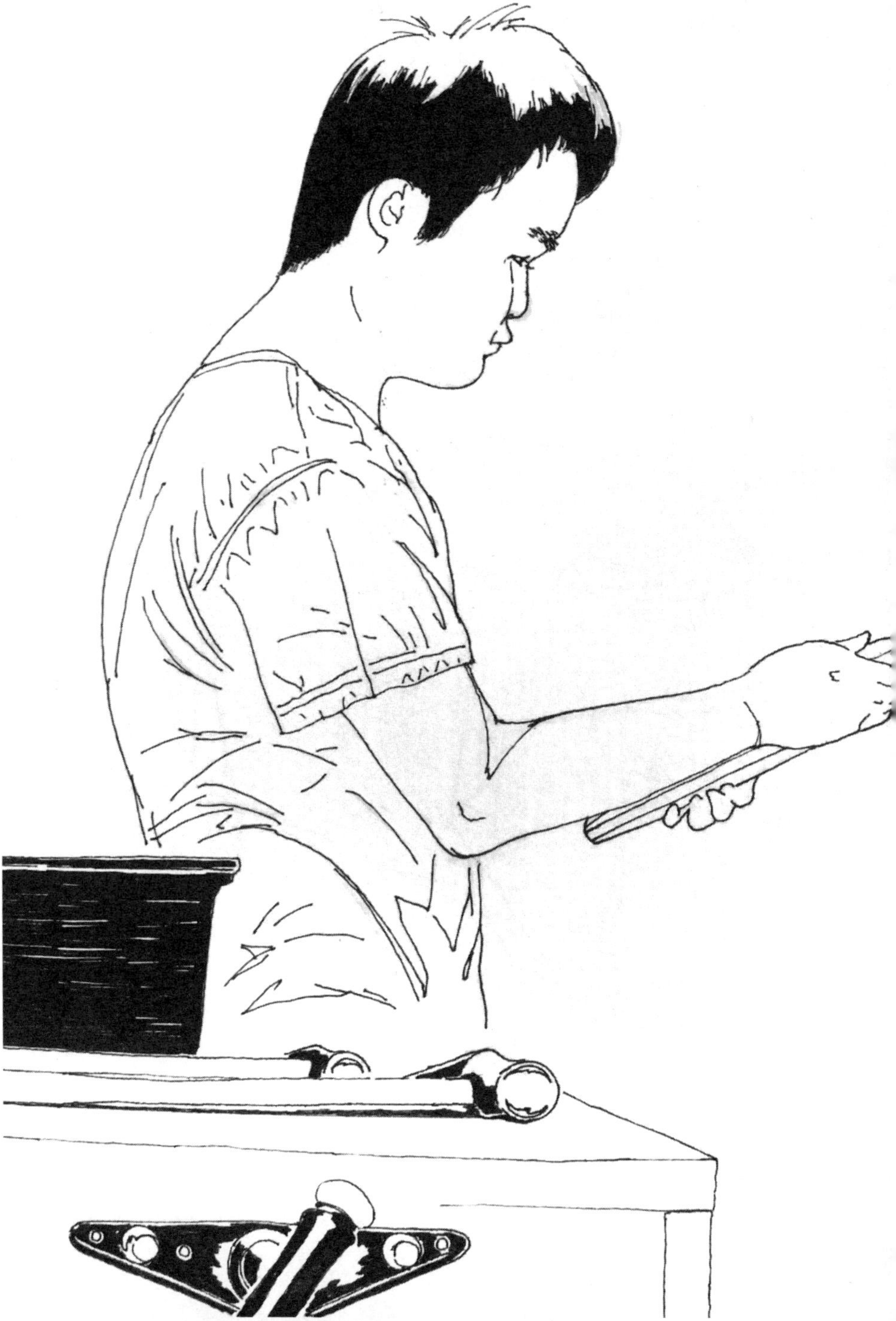

# 不只是一扇窗

成品需要具備結構紮實、拖拉滑順的要點，才能稱的上是一扇好窗。結構紮實，需要看整扇窗的水平度與兩邊斜邊的內徑是否相同；拖拉滑順，則需要注意五金的使用，還有木頭會依天氣熱漲冷縮的特性去調整。每一道程序都是需要留心注意的地方，讓人由衷讚嘆傳統木作技術是多麼的講究每一個環節，造就了那麼多讓人傾心的木造結構。

最後我與同學們一共做出了六扇木構窗戶，每一扇都是量身訂做，把木構窗戶安裝上去，室內的光線與氣流好像都改變了，變得更加的柔和舒適，完全看不出是使用那些不起眼的舊木料所製成。在別人眼中或許看不出什麼，但在大夥兒眼中，這扇窗表達的是一種堅持與每道程序上的講究，只要一個步驟出了錯誤，成品就會出現瑕疵。木作反映出很多做人的哲學與道理，我們不只學做一扇窗；也學習一種態度。

現在，這扇窗繼承了日式老屋的靈魂，繼續妝點著街廓。讓人開心的是，長輩帶著晚輩路過看到這扇窗，勾起了長輩們埋藏已久的記憶，帶著雀躍的心情跟晚輩解說木構窗戶該如何使用與它們的歷史。這不但讓世代間有了共通的話題，也得以讓這項工藝文化歷史有了傳承。藉由這樣傳承，或許更多人會重視那漸漸沒落的技術與那些正在快速消失的老屋。

# 考古生活地圖

文／趙函潔（木工二班，高中教師）

「一個人只有用心去看，你才能看見一切。因為，真正重要的東西，只用眼睛是看不見的。」

——《小王子》

每天的生活，總是在空間裡移動，出了房間、走出家門、搭上捷運、進入公司……。因應生活的不同需求而有不同空間，我們穿梭在城市的各個角落，不停地邁開步伐、移動，卻總是忘了停下。

你如何與空間發生連結？如何在空間中轉換、移動？空間的本質是什麼？我們在城市裡生活，土地／建築承受了一切，如此安靜、不曾訴說，直到我們用心去觀察、去感受，然後我們才真正與它發生了意義，有了獨特的連結。

我們每天生活的城市是什麼樣子？過去與現在所給人的印象是相同的嗎？觀察、解讀、營造空間並非專業者的權利，而是每個居住者的權利。某種程度，這個空間或許有機會變成我們更喜歡的樣貌。城市的面容與風情，也是居民們的責任之一。



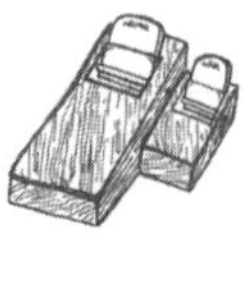

# 以全身心感知城市

高雄人的散步地圖、台南人的小吃地圖、台北人的咖啡館地圖……你和我所認識的城市，面貌、印象是一樣的嗎？「城市考古」讓我們用更輕鬆、更精細的眼光來看待，我們透過有目的性的踏查，重新「看見」我們的家、我們的城市，體會城市的生命力。帶著好奇心而不帶成見、嘗試用不同角度來觀察與紀錄，選擇一種異於平時的速度，走進巷弄、走入城市的心臟，眼看耳聽鼻嗅手觸腳踏，只差沒有舌嚐口嚥罷了。用不同的頻率接收空間所傳達的無聲呼喊，把每個新震動都傳至心底，站在原地，吞吐吸納著眼前的每一段歷史，在出發之前已鎖定目標，閱讀、翻找許多資料，心力的挹注、積累，讓我們在實際看見眼前的建築與空間配置時，腦袋裡的跑馬燈又旋轉出更多情感。不僅能從建築物的正、背、側面或底、頂部的每個細節與畫面，從家用/商用等空間佈置、氛圍的差異，不斷地讀出隱藏著的過去與現在，我們甚至還能預言未來。於是，我們發現要用愛來接納、包容、疼惜與理解，眼前的城市風景那麼美，心底的份量已然加重。

# 屬於生活的軌跡

開門七件事：柴米油鹽醬醋茶，我們選擇居住的地點時，生活機能經常居於首位。家附近有沒有菜市場、咖啡館、書店、公園、學校、賣場或超市等？每個人的需求不盡相同，但我們經常對城市予取予求，卻又總是想要抽離、想要逃避，那些因時間和人們製造出來的頭痛問題，太過熟悉的空間及路線，親切感與疏離感總像蹺蹺板擺盪。

城市裡，容納了許多建築物、許多人群，承載著更迭的規律，而社會、文化多樣性，也是維繫城市生生不息的關鍵要素。「考古」用一種與過去不同的方式，開始描繪、構築、紀錄屬於「我們」的回憶，發現以往不曾留意的許多軌跡，有意識的找尋並嘗試留下許多人共同的記憶，讓都市的更新可以更合理化，讓發展的歷史能夠保存而非只能消逝，童年與青春時期走過的痕跡可以活化、美化而非只能埋葬，城市裡的大小空間及構件，都曾是陪伴著住民走過人生的元素，往前看的同時也不忘回首來時歷程。在遞嬗之間、思考改變的同時，尚有一條折衷的路，是在現有基礎上加以維護、改造，讓舊與新達成平衡，也讓前人傳承給我們的寶藏，能夠繼續延續的方向，並且找到更適合的「位置」。

店

## 空間的回應

空間的使用方式，我們可以自行定義，在城市裡生活的目的，我們可以自由決定。城市的容顏隨時可能汰舊換新，多重時空的面貌同時重疊在現在的生活裡。而人們對於空間的需求，其實也純粹只是為了能有更好的生活，公共／私人領域、大眾／個人空間、地標／指引、通道／節點、中心／邊緣等，城市的二元對立不一定鮮明，卻保持著質量不變的永恆。變與不變、如何改變的答案，早就在人們的心裡，每天所感受的光線、溫度與人情、溫暖，就像當下每口呼吸一樣地真實，只是容易被人們暫時遺忘。我們對待空間的方式，可以更溫柔、更包容，妥善使用與維護空間，能讓人與空間互相照顧、依賴，空間也會回應人們的存在與感謝。

考古踏查時，除了與自我對話，與建築物、空間的對談外，與城市裡的人接觸、談話則是另一種樂趣、經驗，輔以繪圖、拍攝、測量，對各種不熟悉的老物件發揮各種想像力與推理能力，有意識的與空間發生連結，只為了找尋更多線索以重新構築城市的紋理，創造現代化的價值。

研究城市的發展，留下人們的回憶，其實是一種健康的傳承，喚醒人們更重視、更珍惜生活的所在，期許人們在城市的各個角落裡，都能輕易擁有一個安靜、舒適的空間，隨時讓心得到休憩、也讓人們能溝通交流。

與城市的關係，從來就不只於建築物而已，重點是其中移動流轉的人們，「原點」就在每個人的心中，等待著你用心去挖掘、感受，看見那最重要的東西。

# 木工職人觀察

文／陳美君（木工二班，自由作家）

自己何其幸運，在隨意逛遊高雄時遇見打狗文史再興會社的手作市集，市集的角落張貼著一張「城市考古暨木構美學－新濱老街木工班」的海報。就這樣，我這個台北人不但開始參與會社木工二班的學習，更認識了木工班很重要的三位木工職人。

林焜煌師傅是我的啟蒙老師。跟著師傅師母，學的不只是工具與榫接，更是傳統大木作的學習與工作態度：師傅不會主動把知識與經驗塞給你，你要緊跟著看、緊跟著學，然後自己揉合貫通。你要發揮百分之百的熱忱。

而會社另一位讓我更扎實打好基礎的梁智修老師，則是將工具知識、木作技術與自身經驗拆解成清楚的邏輯；木作學習變成一種理性俐落的科學系統，好學好懂，令人驚豔。即便如此，智修老師仍堅持每位學生的獨立思考，自己知道如何學得更好才是真學習。

而木工進階班的助教藍少賓，則是默默觀察同學們的學習進度，讓我們找到適合自己的方式，為我們分配發揮所長，他的幫助不疾不徐，細心又大心。以下為三位木工職人的口述訪談介紹：

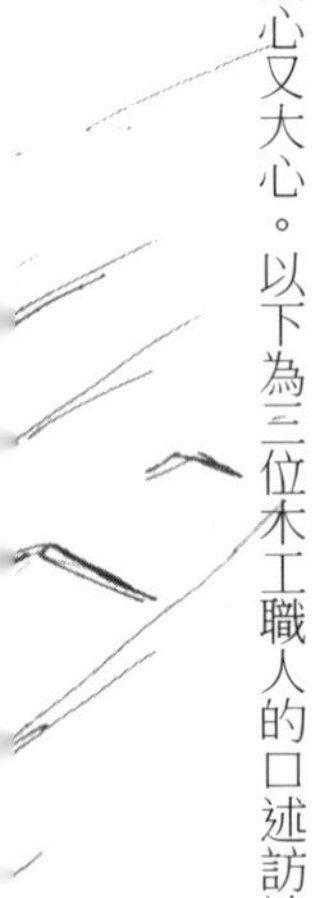

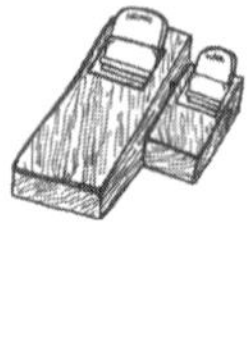

## 林焜煌　師傅

大木作師傅，從事木工已三十多年，從大小木作到古蹟修復，都是林師傅的專長所在。曾任會社木工班老師。

# 師徒學習的過程

一九七八年踏入這個領域，父親讓他跟著大木作匠師陳專琳老師傅學習。當時林師傅十七歲，國中剛畢業，而得過國家薪傳獎、建築金獎的陳老師傅已經八十幾歲了。起初，林師傅跟著陳老師傅去枋寮做神轎，陳老師傅一天講不到幾句話，林師傅總是從旁學習；如果林師傅主動開口問，老師傅也會傳授所知。跟著陳師傅做了許多年的廟宇神龕，後來開始學習大木尺寸「落篙」——就是將建物的屋高、柱間與屋頂斜率等尺寸、位置確定後，標記在一種「丈篙」工具尺上——這是以前大木作的依據標準。

林師傅說，過去所有的木工師傅，都得捱過三年四個月的學徒生涯。當初他跟著陳老師傅，一直到一、兩個月後，才終於等到第一次刨木的機會；加上前四個月沒有薪水，之後三年，三餐都得跟著師傅吃。如果哪天師傅送你一組工具，那就表示你出師了。一九八三年，陳老師傅承攬板橋林家花園的大木工程，林師傅也因此進入古蹟修復的領域。漸漸，他開始獨當一面，變成自己的事業。

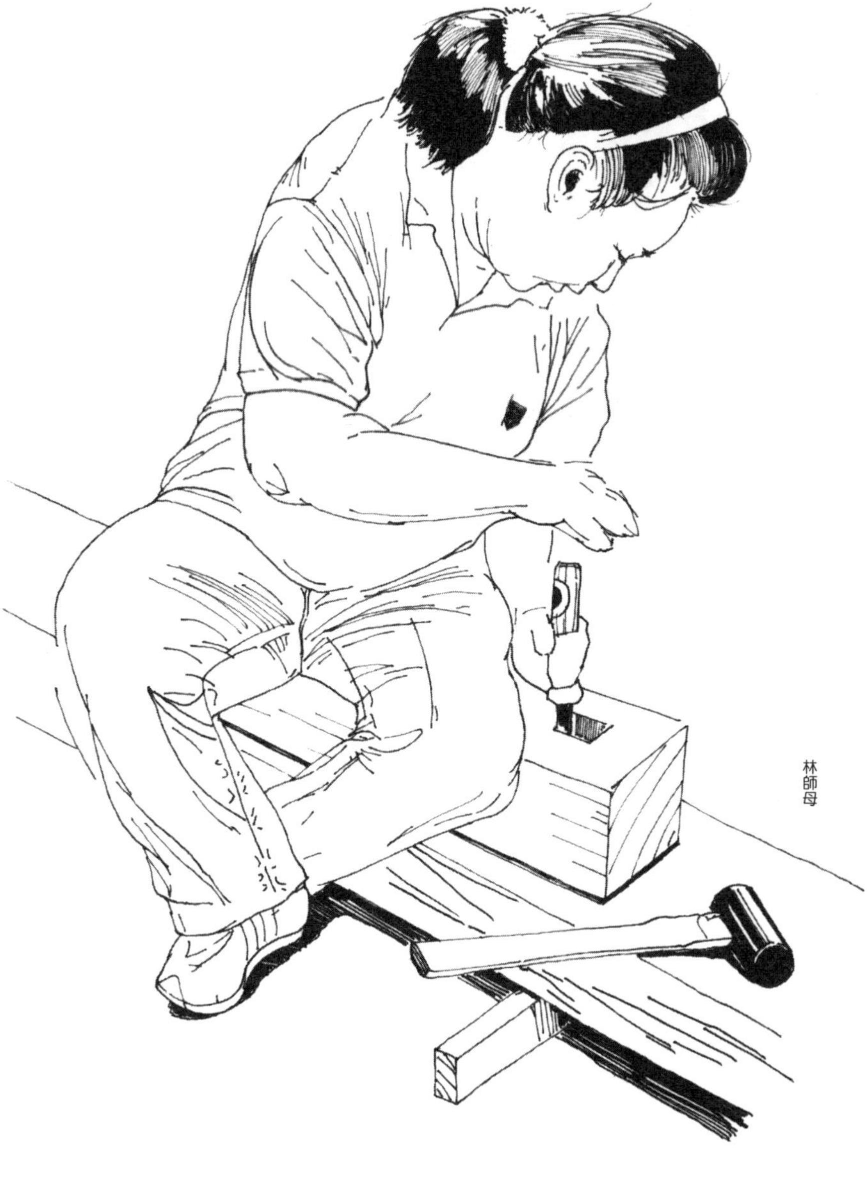

林師母

# 修復工作經驗談

現在古蹟修復的流程大致為：勘查地形、聯絡需要匠師、叫料、繪製榫接尺寸、裁切施工。以前的師傅在修復時，並沒有設計圖，但師傅個個經驗豐富，見招拆招。而現在古蹟修復遇到的最大問題，就是如果訂為國定或市定古蹟，所有維修就歸政府所管，即使住家想修復，也必須向政府申請，這樣的公開招標幾乎都採最低價標到，因此營造商經常為了節省成本，而使用與原本材料或做法完全不同的省錢方式，保留下來的古蹟反而是一種本末倒置的示範。

林師傅也說，其實蓋一座新的廟宇通常比較簡單，要修復反而難，因為很多工法或材料都受限，因此在種種條件下，能盡量依原本工法施工，就是真功夫。而林師傅接的案子，包括鳳山龍山寺工程、台南南鯤鯓代天府大鯤園木作工程、日月潭文武廟九二一災後重建、台北孔廟東廡整修工程、台中市役所修復工程、霧峰林宅下厝大花廳整修工程、台北台大醫院舊址古蹟修復工程、台北國史館修復工程以及鹿港老街整修工程等，皆可欣賞到林師傅對於傳統木造建築的精巧工藝與熱情。

## 梁智修　老師

任職浩建築師事務所，會社木工班老師。國際技能競賽「門窗木工職類」國手，二〇〇六年全國技能競賽門窗木工類的冠軍選手。

## 對現代裝潢與傳統修復的看法

梁老師表示，「裝潢」是現代社會針對空間與建築最直接的需求，因為碰到問題，才會去改變空間，以符合日常所需，在概念上是除舊換新，一種新式樣的產生；而「修復」，則只在整個建築量體上佔有一定比例，也有修舊如舊，修舊如新等不同的切入點。例如一棟古老的建築，人們會因其歷史性而傾向修舊保存。所以修復的目的就是要保留歲月的痕跡，但又要修復到讓人們可以瞭解它過去的樣貌，還原歷史的一切。

但是另一種說法，是如果僅僅修舊，視覺也如舊，那修復似乎是徒勞。只是如果修舊如新，或甚至全面更新，也可以探討修復背後的歷史意義存在。

## 台灣的木作

「台灣沒有很明確的木作技術，就像一塊海綿，因為綜合吸收多種特色，也造成了飽和。」梁老師說。台灣的技術曾是一等一，家具王國、遊艇王國，皆是台灣當年的光環；而這些二十年前造就台灣光環的，都是木作技術，只可惜現在台灣的木作環境有很多層面的問題，例如斷層、經濟影響技術等。梁老師感嘆地說：

「有多少經費就做多少事。」而一切也都因為經費而扭曲了。他認為不論是工程或是工藝，都應該把成本效益放進來考量，而不是以預算反推回去。

## 教學與會社木工班

從自己原本的學習經驗出發，並一次次思考整合教學的方式與內容，梁老師為打狗文史再興會社木工班的規劃，是讓學員們先學到木作的基礎概念，因為之後關於木作的類型與工具等，都是由這些基礎延伸。特別的是，梁老師覺得課程的目的是教大家學習的方法，以後學員才知道自己如何精進，如何學到好。

也因此，他覺得打狗文史再興會社的木作課，是提供一種人與建築的互動。這種教育是有感染性的，不僅自己受益，更能幫助別人。而他正在寫的碩士論文，正是論述這個木工工作坊的模式，如何推廣一個有歷史性與文化的建築或閒置空間成為一個平台，以及置入性發展的無限可能。

## 藍少賓

經營個人木作工作室「曠野有工廠」。南訓家具木工班畢業。木工班一班學員、進階班助教。

## 傢俱工廠

從南訓畢業後，藍少賓跑到台北，進入一間大型的傢俱工廠工作。工廠中的經歷藍少賓沒談太多。問到工作模式，他回答得很淡：「就是一個禮拜一直做椅腳，一個禮拜一直組裝，一個禮拜一直……」。

所以離開是一定的了。他表示因為壓力很大，不論是工作模式或是宿舍居住環境都是很糟糕的狀況。他形容，是剛好面臨人生中很困頓的階段。所以即使有可能升遷，但他知道一定得放下，離開。

## 參加會社

回到南部，找到屬於自己的步調，也開始上會社的大木作課。

他是打狗文史再興會社古蹟修復木工班第一期的學生，兩個月紮實的大木作課程結束之後，他持續回會社幫忙，後來擔任助教。

但已經有木工基礎，為何還來上打狗文史再興會社古蹟修復木工的課？「想看大木作的工法，與想瞭解傳統匠師跟西方的衝突」，藍少賓提出了這兩個理由。而跟著林焜煌師傅學習，紮實地練了五個大木作榫，還幫會社重架了辦公室的樑，圓滿了藍少賓第一個期望。

而關於第二個好奇，也獲得了解答。以科學化方式的西式教學，講的是有步驟地訓練。撇開天份，這個方式是確保每個人在同個起跑點。而台灣傳統匠師的師承模式，是找到一位名師，跟在身邊，眼睛耳朵都打開地拼命學習師傅的經驗，但是基礎得靠自己，而提問的主動、細節觀察的敏銳度都是學習的一部分。一切修行在個人。

而長期接觸會社，更讓他篤定地支持。他欣賞會社的精神；那種沒有把自己放得高高在上，明知吃力不討好的事仍堅持做的精神。「會社努力地保存這個街廓，不是為了造神或是文創空間，而是因為貼近、同理居民的心情。」

# 修護老屋・修練木工魂

文／蕭孟曲（木工五班，自由作家）

刀，由鈍入手，磨練一心求利；
石，由利進水，粗細相互砥礪；
水，由清至濁，相混鐵屑砂粒。

## 學習手工具的使用，就是學習做人

初學之時，工具的保養、熟悉是最需要學習的，身穩方能掌握力道，心穩讓鋸路平直，鉋面達到想要的角度。氣躁，容易損害鋒刃，也極容易傷到自己，而在平靜或碰水時才發現到滿手被刮、刺、磨的刺痛小傷口。

在同一個團體裡，有人坦率直言，有人細心婉轉，然而無論任何個性，如同砥石，不管粗細，都需要先浸水滋潤，產生好推力，大家互相砥礪，以保持自己最佳性能與互相學習的價值。

架著砥石的水盆，經一次又一次的研磨，磨出鐵屑，也刮起了砥石的細砂，原本清澈的磨石水，在不斷的擾動，漸漸混沌不見底。然而，混濁的水不免令人心生嫌惡，殊不知，混著鐵屑的泥水，才是磨利鋒刃的好條件。

這一切，無疑是投身於社會這大染缸的縮影！

# 千金難買木便所

初階班時認識各種榫接型態，木作進行的程序，實作從榫接而成的相框，到進階班時為會社的木構廁所改造，木料從手中小小的四支角料，躍進為立體空間的造建。

結構材積瞬間大上百倍，表面的細度不再那麼要求，手上的榫孔或榫頭位置和準確度不再是自己的事，鉋刀鈍了，不能說：材料我拿回家，刀鋒磨了之後接著做，下次來就能趕上進度……。

這是協力造屋，每個人都是力量，每個人都是關鍵。

依據設計師所繪的圖，算出所有需要的材積數量，在舊木料中找出符合條件的加以利用。整料，將蟲蟻清除，將深藏於木料中的大小釘一一拔除，以免在刨料時，傷了刀鋒或誘導面。由於是樑、柱結構，長而沉重，所有的木料都無法由個人獨立搬移，而是需要二人以上的協力。

經過計算、放樣完成的木料，組員保持默契或依據自己的長項認領施作項目，以求整體的效率和品質。回想初階班時相框角料，要刨去二公分已不需要太久時間，



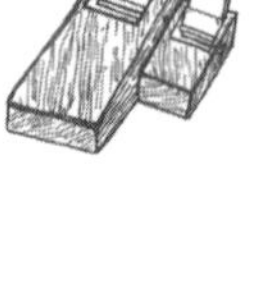

而今彎曲變形的樑、柱要重新刨到需要的厚度和平整，卻是得全組人輪番上陣，用盡全身的力氣分段來完成。在組裝的過程不斷地發現問題，解決問題，甚至於補救，一再地進行各部位的試組裝，也和他組相關的部位試組裝，只為了到改造屋現場，能將修改的動作降到最低。

在橋頭糖廠教室鑿鋸而成的各個組件，全部載回哈瑪星會社，進行上架組裝。然而，誠如智修老師所言，設計圖和現場施工一定會有出入；會社的建築設計師阿鴻說，對於圖面，我們各人都有其想像和思維，因此一定需要現場溝通。

先進行原屋拆除，將拆除的木料再予以保存，之後全面立柱、抓水平、抓垂直、上樑、下椽條、裝窗、鋪屋身（原是雨淋板）、上押條、裝門、作雨遮、泄水收邊、鋪屋頂、鋪屋瓦，逐一完成。

這過程，仍然是一量再量，不停的修正，適值盛夏，烈日當頭，夥伴們無論男女，在樑上，在屋頂，在會社後院、騎樓穿梭施工、支援，甚至於星月高掛，氣溫降，涼風吹，我們才發現：汗水淋漓的一天，又過了！

新濱老街上的老鄰居——駱家、陳家和龔家等，不時坐在門前或是來到我們身邊，回應以肯定的眼神和笑容，我相信，哈瑪星老屋的靈魂，也是保佑著我們施工的順利與安全。

## 世代因緣和文明發展興衰——哈瑪星

「以前阿公看（挑）木材，都到旗山、六龜去。」爸爸說。

小時候在屏東，屋子的前方是住家，後方是工廠，當時年紀小，感覺是非常巨大的機具以及寬敞的空間，廠房兩旁有簡易的木造閣樓，每個閣樓都有獨立的竹梯上去，是阿公讓學徒和長工們住的。

工廠停業後，我們搬到鳳山的公寓，記憶中，阿公仍自己ＤＩＹ或徒手修理生活用品，如門擋，或擴增桌面。是一位手腦並用且惜物愛物的長者。

哈瑪星早年有許多的澎湖移民，而我父親那一方正是來自澎湖，許多澎湖人來台灣後，不少從事木工，阿公正是開設木造家具工廠。哈瑪星、會社和木工班，將我對於家鄉的情感、家人的思念以及對老屋的迷戀，有了跨越時空的聯結，以及老屋保存、修復理念的學習體驗，這是何等奇妙的因緣際會。



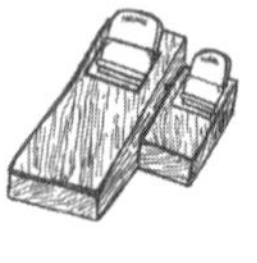

也曾是木工匠的駱阿公

因工作需要，曾多次採訪傳統工藝以及有關技藝的傳承，昔日學徒出師或真正完整完成一件工作，至少要三年四個月，隨著五班初階班結束，從自作自受的相框，分組負責永豐餘的門框，而今合力造屋，不到半年，會社放手讓我們實作，老師有條理而無私地教授木工知識和技巧，我們可以從回收再利用的木料上，具體實踐傳統技法來進行老屋修復的理念。過程雖然不輕鬆，而學員們不畏苦、不怕累，齊心合力地達到目標的完成，令我感動！站在屋前，不管多少年，學員們工作時的聲影都會清楚的浮現於腦海。撫著木，望著榫，滑動窗，關上門，這溫度和聲響竄入體內的細胞和神經，非學院課堂或是包商思維老屋新建所能營造的。

「力從地起」智修老師說。

強調基本功、基礎的重要性。任何的力量都是由地面，穩定而起。

然而，這何嘗不是一個文明城市，有智慧的當權者面對所站土地，面對常民文化所應有的態度！歷史不停的流動，保存文化，保留脈絡，人民才能有機會清楚歷史，肯定自我，踏實生活。

# 一個建築專業背景者的木構美學夢

文／梁俊仁（木工二班，大學講師）

長久以來，國內建築領域的教育養成訓練目標乃藝術性與技術性整合並重，藝術著重於根植人文與美學素養內涵，而技術則實現工法技藝與材質的系統邏輯。但隨著專業分工愈來愈細，對於營建材料與技術，其開發與應用也愈趨主題化與專精化。不禁回想起當年自己所經歷的學習過程，屬於正規傳統學院教育模式，學習各種多樣全面性的專業知識，但在某些特定實務技法上或自己感興趣的領域，卻無延伸學習的機會，也沒有多餘的時間精練操作孰悉之，即便後來透過一些短暫有限的現地教學、參訪觀摩或工地現場實習，畢竟略知一二，所獲有限。

## 建築師是為人群營造美好環境

源自於一九一九年包浩斯教育所揭櫫的理想與目標乃將建築、工藝、與藝術結合，理論知識與實務技術並重，當時基本上以藝術家、工藝家為中心所建構的工作坊形式教學，其師生之間以師傅、工匠與學徒的集體協調工作的概念影響至為深遠。時至今日，建築與設計領域強調實務與實作訓練應用本質的核心目標始終未變，一方面專業者希望透過更專精的工藝或技術表達，以參與體驗操作方式，強化延伸推廣的效益。畢竟這個領域的執業環境不似醫師，於學成後可採分科專長執業的方式，例如醫師分科後有所謂內、外科等區別。但建築師迄今則尚無細分所謂木構造或鋼構造建築技師等之分別，目前業界工作也是 case by case（按件計酬）片段式學習與操作，或直接委託獨立的專業公司處理。因而欠缺更深入的研發以及推廣系統工法與技藝傳承等更專精的思考。

自己就業以來，深感建築師所作所為雖然都是為人群營造美好環境為目標，但從另一個角度看，每次的營建行為卻也不可避免的成為改變環境的推手。因此，怎樣的環境才是最能保全自然的法則？這就如同美國建築師 Louis Kahn 早期所言：「我們需要自然，但自然不需要我們」。因而在當代環保意識下，應用一些能回歸於自然的建材才是王道。然而什麼才是能回歸於自然的建材？一般將建材概分成為「傳統建材」與「非傳統建材」（現代建材）兩大類，傳統建材如：木、竹、籐、磚造類等，尤當全球整個環境保護意識抬頭，傳統建材所具有的風土性與在地性特色重新獲得檢視。



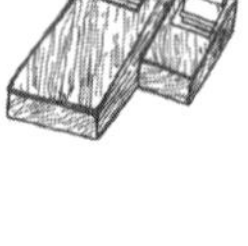

## 專業論述與實務之結合

另一方面整個環境氛圍，大眾對於操作體驗的參與過程及方式開始獲得啟發，其實踐機會成熟，同時也擴大了社會各階層人士參與各式學習機會的面向。或許基於自己本身一直以來對於木頭有種特殊的情感依歸，很喜愛木頭的真與質樸，木的原味與回歸天然的聯想，而尺度可大可小，又可廣泛應用的材質，無論是結構上的抬樑或穿斗或桁架的榫接構件，或用於家具器物的細部接合，或用於雕品飾物的鬼斧雕鑿，在在令人神往。

所謂「聞道有先後，術業有專攻」，在木工班參與由師傅帶領從頭做起的實務操作，再次重新學習入門，也正由於手作大木各部位構件，包括榫接接合這項技藝，對於傳統大木作匠師而言，這項重要的專業技藝也面臨後繼無人或機器取代的現實變化。因此，在木工班實作中與木作師傅之間，傳承學習的過程顯得格外具有意義，因為支撐傳統工法技藝成功的背後，是心性的磨練，這也是師傅在過程中再三耳提面命務必要「三心二意」：「細心、耐心、決心、意念、意志」的真諦。



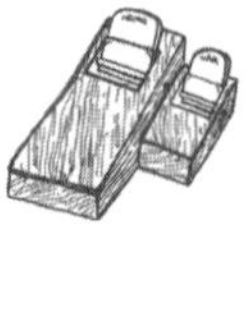

# 對於大木作的想像

傳統大木作之令人驚豔處絕不只在木料構架本身材質之特色，尤其傳統師徒傳承制在現今社會中式微，技藝傳承因傳統匠師逐漸凋零也愈顯現可貴。如同以前電腦尚未普及的年代，設計或施工採用手繪圖是唯一作為溝通的媒介，而當今日以電腦繪圖變成普遍常態下，人們才開始省思手繪圖的價值與重要性。

一切有形價值的背後，其實隱含更多無形的故事脈絡，是以當看到傳統廟宇樑柱構架上，一座座精美的木斗拱所散發出力與美學的精緻創意融合，再相較現今處處可見仿木的鋼筋混凝土造斗拱，其中形與意的表達差異實不可同日而語。或許無形技藝的傳承無法像有形物件一樣可以立竿見影，但堅持傳承延續的理念，卻是該被及時催生並啟發的使命，個人在參與木工班的實作練習過程中，充分認同於會社對於這樣理念的堅持及努力。



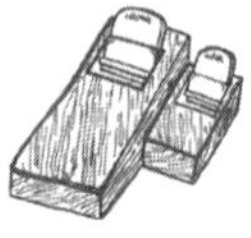

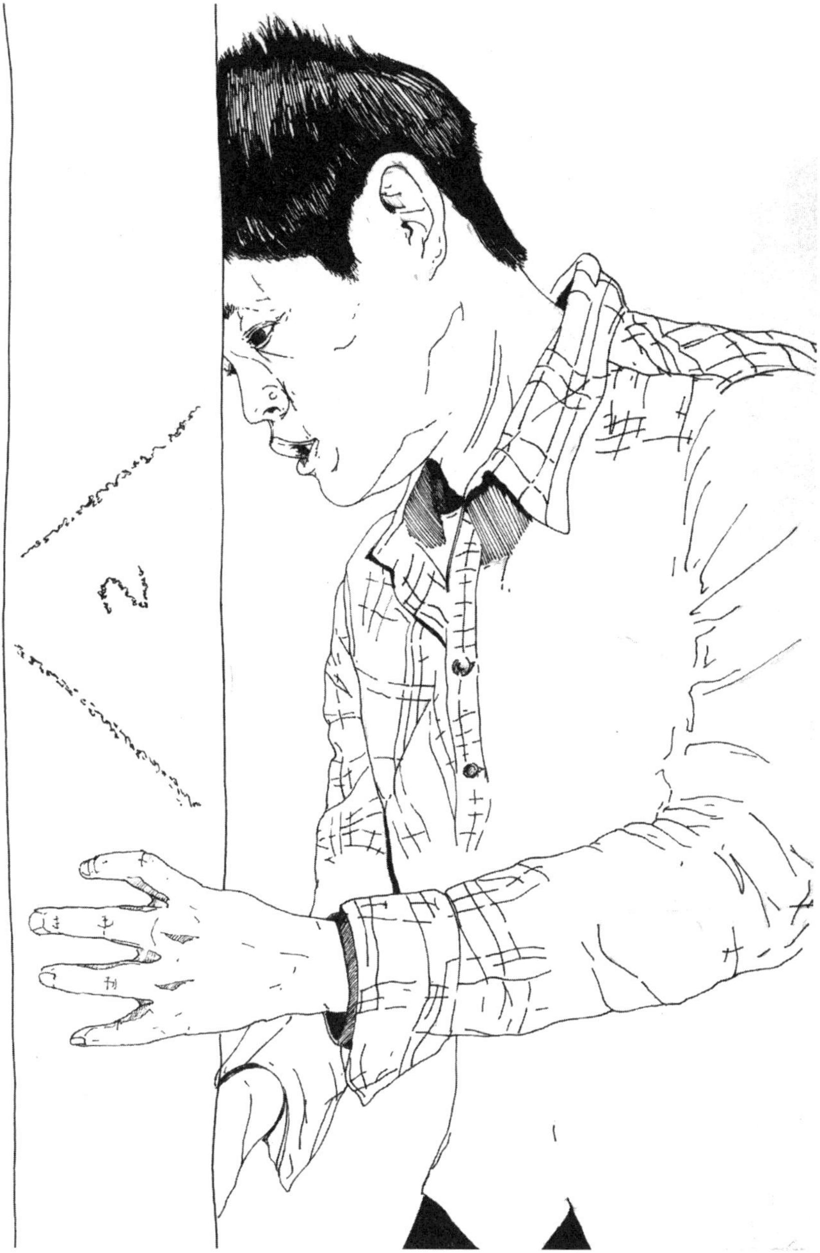

## 現代建築技術/傳統工法的取代

構造工法何其多，其實建築師最大專長是雜工，但雜而不精並非問題，因專業分工各司其職可解決一般技術性問題。現代建築工法技術與材料日新月異，在傳統與現代之間，常常形成一道鴻溝難以跨越整合或鏈結才是問題。人們高度依賴、享受現代卻又緬懷過去想要復原舊樣而形成發展與保存的兩難。現代建築技術的改進並非全然只為生活環境的改善，也並非單純只為傳統建築的現代化找藉口，所以無論是綠建材、綠建築觀念，或講究自然風味的庭園，或施工採近自然生態工法的河岸，或仿木作斗拱作裝飾的現代化建築等形式語彙都不是問題。真正該思考的問題是，傳統給了當代甚麼啟示？甚麼是真正的傳統與現代的核心價值？它又如何在當代承接與延續。

因此，探究傳統風格與技術工法的核心意義與精神象徵才是根本之道，如十九世紀末二十世紀初的美術工藝運動強調藝術與手工藝的結合，在工業化進程中重建手工藝的價值；又如新藝術運動廣泛使用有機與自然的元素以賦予傳統裝飾新的生命力，以玻璃和鍛鐵等材料的使用，使建築風格方面也能發揮精雕細琢般的品質。以上皆在歷史洪流中開啟新的革命性觀點並建立其核心價值。文化資產中有形的部分，往往可經由整舊如舊等手法去保存與活用並且顯而易見其成果，而無形資產的保存，核心價值就是那無可抹滅或取代的部分，雖不易顯見成果卻是重要的組成分子。

無可取代的是一種傳承使命的精神向度，參與學習木工班實務的最大收穫，其實不在最後挖鑿完成的榫接構件、或與木雨遮施作完的成就感，更重要意義在於這些人做這些事，在傳統走到現代的交界道路上，在關鍵時刻，沒有缺席沒有遺憾。當下在汗水交織中用鑿刀一刀一刀鑿下去的不只是木頭還有眼前的道路，因為使命感讓前方的路開鑿得更寬廣了。

# 文化行動的轉譯

PART III

# 老街的木工班

曾經有一個年代，木頭是台灣建築營造中十分普遍的建材。那些木造屋，隨著歲月累進，經無數的風吹雨淋、地震颱風，身體也開始出現一些毛病。但無論他們是如此屹立不搖，卻也抵擋不過現實大環境的趨勢，此時那些不足以掛齒的小毛病就成了致命傷。尤其，我們所屬的寶島經濟模式中，有個普遍的觀念——我們總認為蓋新的，比維修整理還來容易且划算；與其要把舊房子做個整理修復，倒不如整棟打掉、重新蓋一個新的房舍，在房屋市場的行情還會更好！

是故，在近幾年都市更新或是眷村改建等趨勢下，面對這一大批木建築，總是很輕易地選擇拆除的方式來處理。這些房舍拆除後，其中斷面尺寸較大的木料，多半是由專門的回收廠商以廉價的方式收購，其餘零碎的木材或門窗等等，絕大的命運都是被送進焚化爐燒毀。然而大家都明白，這些從老房子所拆下來的木料，仍是可靈活運用的材料，比起今日常見的鋼筋、混凝土等建材，無論是在回收的處理或加工，其工序是相當方便且經濟。事實上，舊木材的屬性，也因適應環境而達到穩定的物理程度，這也是當古蹟修復時，多半傾向選擇舊有的木材而非新

廢木料分類

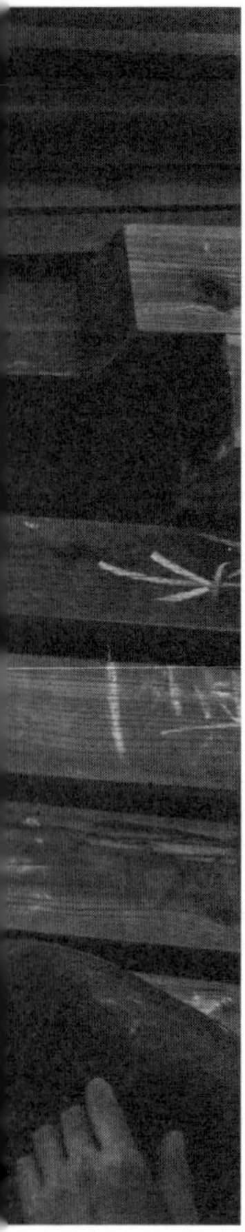

木料。不過很弔詭的是，政府經常先是花錢請人拆除這些木造屋，之後當古蹟修復時，又再花大筆錢購入這些大木料。其環節中所耗費的資源，理應是可以更被妥善的處理；而建築的老舊問題，也是有更細緻的解決方式。

今日，我們總是能輕易地摧毀過去的建築；未來，我們的建築勢必更無法有穩定的基礎，也將更容易的被輕忽。因為當我們不加思索、粗暴魯莽地拆除房子，也就意味著對於其技術、其社會與其功能的否定；若又不去理解過去的建築、進而修復保存之，那我們更無法稱得上真正擁有這個資產。即使歷史的軌跡、文化的意涵、生命的意念，不一定是摸得著、看得見的物質，但藉由舊建築的空間，是可以讓我們有具體的場景情境，去想像、揣摩歷史事件的原型，或者是重現不同時代的詮釋。

# 片面理解

建築之所以確立，是建立在居住在上頭的「人」，其所具有的社會功能及生活文化，透過一次次的營造經驗，而更加確立其系統，也反映出該屬地及文化的特色。也因為如此，我們才有所基礎，進一步做新的突破，或做智慧的學習延伸。然而台灣的環境教育與學習經驗中，總是缺少了這些像這樣的認識。尤其在傳統文化領域，無論是在教育、管理與保存等實務操作上，普遍侷限在特定資源內，一般的民眾並沒有太多機會獲得相關資訊與知識。

我國古蹟研究大師李乾朗教授曾說過：「古代建築出自於手工，當時工匠師手藝與欣賞者眼界同步，無論是廟的管理者或是信徒也有一定程度的欣賞能力，不夠水準的作品是沒有市場的。然而今日的建築雕刻禁不起細看或是不耐看，這當然也反映出我們這一代已經喪失品評傳統藝術的能力。」

也就是說，我們對於傳統建築與工藝認識的程度，非但沒有深刻的賞析，還僅停止於表面粗糙的見解。在台灣，時有所聞古蹟經修復後反而出現漏水、修得太新、顏色不夠古樸之類的新聞；亦或者，我們認為台灣的環境潮濕，木料容易腐爛蟲

蛀，而普遍性拒絕木構建築，卻不追根究柢，釐清問題的起因。更無消說，去體悟這些建築所蘊含的傳統智慧與技術，去認識材質的特性、判別工法優劣，又何以去保存、維護文化資產，去發展其具備的專業技術與經濟價值。但如果我們現在不去做教育，告訴大家這項工藝、這個技術的珍貴與美好，那未來怎麼會有人了解，並加以使用？甚至創造其需求的市場呢？

## 試驗基地

木工班從這個貧乏簡單的地方出發，過程中除了夥伴流汗出力，將閒置的場地清出，也獲得地方中小企業的支持，幫忙搭建臨時的鐵皮屋頂。這個空間就在木工班的進駐下，變成大家實作的試驗基地，成為與大眾的交流平台。後來自木工三班開始，我們與高雄大學永續環境研究中心合作，將教室移到橋頭糖廠的一排五連棟日式宿舍，它同樣是廢棄多年的木造房舍，高雄大學創意設計與建築學系的陳啟仁老師透過教育課程，將其重新修復整建。

位於橋頭糖廠日式宿舍的木工教室

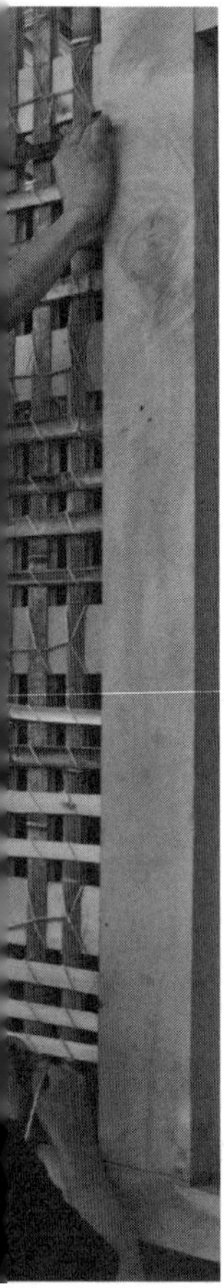

每期木工班的課程，平均約莫有九十至一百小時學習時數。嚴格來說，我們並非可以在這麼短的學習時數內，讓每位學員成為木工匠，更不可能達到具有木工修復的能力。但我們試圖想創造一個學習經驗，提昇學員的敏銳度，去判斷建築，讀懂建築的語彙，才得以更進一步認識其紋理。木工班是一個實驗性的策略，企圖創造一種機制，讓大眾都有機會深入接觸到文化保存的領域，重新拾獲看待建築與文化的概念。它並非是單一性針對建築物的修復與活化，街廓裡房子之所以有生命與價值，是因為有「人」生活於此，唯有串起人與文化資產的關係，才可能讓保存與維護的工作普及化，也就是說，當保存、維護這些建築成為普遍的知識與價值後，所謂的保存修復與活化再生才稱得上完整。

# 搭起社會的橋樑

或許是要透過故事、透過講述、透過行動，
人與土地才開始有了連結。

建築是由各式各樣的材料，透由不同工種的專業人員，彼此溝通交流最後才得以一起完成建造出一棟房子。不過在現今的居住環境，高樓大廈以大量生產的方式建造，如同工業製品，每個都大同小異；大樓的安全管理與監控系統，隔絕外界可能的干擾。系統化的居住方式，使人與住宅的關係不再是庇蔭所，也不是溫暖的住家，而比較像是收容所，將住民放置在一個個小房間裡。

然而，在街廓中的舊房子，它們沒有豪華設備、先進科技，但是它們所蘊含的環境包容與內涵，讓我們開始了一個實驗。這個看似以木作學習為主軸的操作模式，實際上卻是想用學習、實踐的方法，重新去理解建築固化的形式，打除社會中僵化的界線，奪回人與居住空間的對話關係。

臺中市政府一側

高雄市政府一側

## 重建關係

這個木工班，將這一種原本很單純，也屬於個人感知的木工工藝學習，藉由這樣的操作空間，試圖建立另一個與其他人對話的窗口。若嚴謹的來看，或許大家會認為這一群只學了兩、三個月木工的「學員」，他們的技術可能不盡精準、完美，怎麼可能、甚至可以接觸到真的修復工作。然而，當這些看似殘破的老屋，若不能以法定的文資法被認可，也並不表示，它們不具任何價值、不具任何功能。就以木工教室為例，它儼然已經是我們生活環境學習中最直接的老師，發揮了它僅存的殘餘價值，滿足我們知識，最重要的，這裡提供一個現地體驗的場域。不同於蓋新房子，一切都是從頭開始；我們則是要就建築的現狀去評估，推斷木作的尺寸、討論施作的方式，同時透過「做」這件事情去實踐文化的傳承，進而到思考文化保存的使命與意義。

木工班，它並非是民間才藝班，讓大家在下班後可以從做木工獲得生活慰藉，在課程結束後回家修理自己的桌椅。在這邊，學員所參與做過了門、窗、還有雨遮，不像桌子、椅子這類成品，他們的作品不僅不能帶回家，而且還都是固定在老街裡。不同於個人作品，是自己可以做決定要留要丟，它們則是要由社會大眾來決定要不要保留。這裡所做的木工成果，是沒有具名的。因為我們在這裡所學，其實也是建立在過去多少個無名氏所留下的智慧。當我們從房子的殘跡去閱讀它時，我們可以從木材的尺寸與形狀去觸摸、去感受到當時那位師傅的「手路」，他做事的方法、他個性又是如何，彷彿和他面對面，一起討論這個房子的每一處故事。我們藉由每個過程，將一個原本可以跟社會毫無關連的事情，串起人與環境的關係，將居住技術回到文化社會層面來討論。

打狗文史
再興會社
反核
18

我們在一次「日式雨遮」學習實作的主題中，雨遮所施作的地點，並非是街廓中所謂最有價值、具保存潛力的地方，我們則是選擇經常被忽略漠視的區塊，那些不屬於原建造年代的建築體。一來，我們能避免直接觸及到建築最原貌、最珍貴的部分，而運用教育性質的木作來延續在地的建築風貌，同時也能利用公部門資源能回注到這些最為弱勢、也是較少機會獲得關注的地方。二方面，學員們留下了他們心血，過程中他們與來往的居民，從打招呼到交談聊天。沒有這些互動與激盪，或許居民不解做這些木工跟保護老房子有什麼關係，學員也不明白住在舊社區老房子裡所面臨的困境……。這種無距離感搭起鄰里與學員間的橋樑，在互動間產生的刺激和對話，才有可能找回人與空間有機且溫暖的關係，相互加乘文化與生活的共通價值。

## 促進社會流動

也就是說，木工班操作的過程，我們視為對於文化保存的一種嘗試，木工也順理成章被視為整件事情的主角。從學習使用木工工具、到實作一項作品，一件很看似很純粹的動機，在這個木工班中，讓人與環境相互施力給力，竟然也可茁壯成長，甚至以一種不可見的力量擴展延伸。不用做過多的解釋，木工班儼然已成為平台，一個多元價值的平台。

迄今，木工班已經開設到第五班，也累積了近六十位來自各行各業、年齡從八年級生到四年級生不同世代的成員。特別當此課程受到公部門補助之下，木工班的課程學費低廉，也讓我們吸引到來自不同社經條件的朋友。很有趣的是，木工或是泥作這些傳統技術，過去多半是以男性為主場的領域。而在我們木工班的經驗，一半的成員皆為女性，且多半也是過程中最為投入者。雖然大家多半是對木工有興趣的同好，事實上彼此也是抱持著不同的想像、理念來參與活動，而這正是我們企圖創造的對話場域，一個沒有階級想像、跨越性別疆界、具包容力的互動環境，正也呼應到新濱街廓所保有傳統聚落的特質：它本身就是個社會的小縮影，

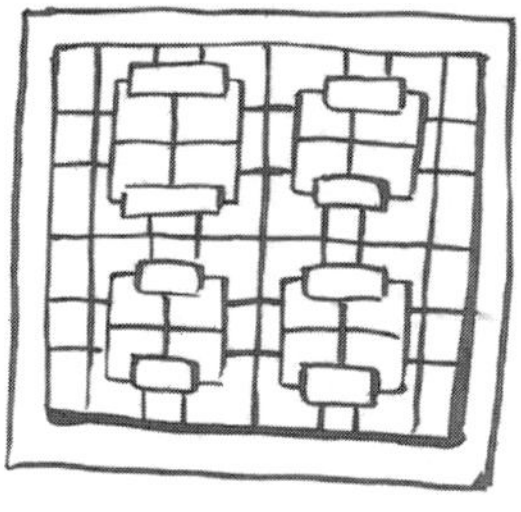

容納了多元的社群與文化。藉由像木工班這樣的平台，讓每個人透過完成一樣的作業任務、使用一樣的資源與環境。使夥伴間彼此互助合作，以團隊的方式完成一個目標，亦是促進了社會階層與價值的流動。

我們這群年輕人，雖然不在此地出生，或許因各種因素，終將離開此地。但是不可否認的，在這個小小的街廓中，我們歷經過多少挑戰、行動與故事，將延伸周圍所有的人事物，互相聯繫在一起。文化保存或許可以作為一時的口號，但依循著傳統的腳步，我們是可以創造屬於這個時代的文化再生。

# 拿鋤頭還是鐮刀？

## 底層文化才是主流文化

台灣、高雄文化是什麼？若真要論述，層面太龐大，又或應該說，這提問根本上就不存在。如果每個社區、地方都關心自身的生活，瞭解生活樣貌獨特性的價值，個人的、店家的、地方的、整體的文化感就不言而喻，不證自明。

打狗因為有港口，中國的鹽民、漁民前來討賺；西方的傳教士、商人、探險家、博物學家前來異地為商業開疆闢土；日本政府將港口與製糖等生產模式帶入現代化發展後，吸引更多人口移入高雄，尤其是港口的碼頭貨物裝卸需要大量的勞力。這些底層勞力在歷史上最沒有聲音，也沒有權勢掌握文化論述位置，但是這族群人口最多，生活文化影響著飲食層面（麵條拌豬油、油膩的排骨飯，提供著勞力工作者每日所需的高熱量單位）、產業層面（報關行、碼頭裝卸事務、牛車搬運等等）、信仰層面（上述相關產業的移民信仰影響廟宇文化特色）、民宅建築文化、街廓等層面，這些底層人口的生產生活樣貌，才是地方的主流文化。

或許因為政權更迭頻繁，加上政治解嚴也沒幾年，這樣的地方主流文化，從未被彰顯與凝視，頂多只是出現在學者的研究報告裡，公部門就覺得已經很對得起地方文化。又或者變成選舉機器的鬥爭標籤，崇日或是仇日，中國史觀或是本土史觀。其實以歷史長流來看，殖民或是被殖民、壓迫者與被壓迫者，最後雙方文化都會交流，彼此相互影響。這些交流融混的痕跡，不正是一個國際港口城市的文化特色？

## 城市是許多人「家」的集合

打狗港在幾百年前，已經是個國際港口，不需要公部門再喊出一個「亞洲新灣區」這樣一個房地產炒作題材的口號。打狗文史再興會社在二〇一四年下半年舉辦了一個「鐵皮的異想世界」活動，對外徵件，讓哈瑪星的百年新濱街廓，增添一點時代視覺藝術新生命力。新濱街廓的民宅大多以木構造、屋頂覆以瓦片的建築形式為主，一九七七年賽洛瑪颱風，重創台灣的屋厝，包括這個社區，因為公部門曖昧的態度與沒有法源的限建命令，居民只能用鐵皮包覆這些屋舍，這個他們每日生活的空間。

以現在的文資法以及所謂客觀的眼光來看，這些包覆鐵皮經過改裝整修的房舍，大多不會通過審核為具有法定文資身份的建築物。這是台灣文化空間與文資法的當代瓶頸及困境。但同時，「亞洲新灣區」的亮點建築之一：高雄展覽館（高雄會展中心），花了三十億公帑，啟用不到一年屋頂卻開始漏水，大家卻不以為意。對於一個三十億的華麗鐵皮屋（鋼骨結構）漏水，看作是小問題；但對於一個包覆一些鐵皮，將近百年的老屋，卻動不動以地方發展（誰的想像？）、耐震係數不足（但它已經歷數次大地震才會屹立至今）、沒有文資價值（誰說了算？）、消防安全（那日本京都的木屋應該要全拆才安全）、建管行政等等理由，消極面對這些房舍。重點是，這些房舍都是一個個活生生的民眾的「家」。

高雄市政府近年又喊出「宜居城市」的口號。都市發展局包裝論述了許多建築設計得獎新聞。在地方生活已久的人，想在自己的家，繼續住下去，安居樂業，不求其他，如果連這樣基本的權利與渴望都無法達成，這城市如何「宜居」？從去年開始，或許被民間團體、公民力量如打不完的蚊子般給叮醒，都發局開始將焦點與資源配置於哈瑪星，以及高雄其他兩三個地區。想用微型都更的方式，透過舊建築挽面拉皮的手段，加上一點經營的名目預算，一年後，就可以快速有政績，現在都可以知道未來他們會行銷的口號，大致就是都市更新發展又兼顧在地文化

之類。他們選定的過程中，還是會挑選建築外觀，大致要符合一般大眾對於老屋的認知，最好是有一些什麼巴洛克風格的符號。從生活人文或地方文化角度來看，有特色的老屋未必符合資格。只要施予小惠，加上政治操作，這樣的微型都更，會帶動周圍房價，來年的申請案件量會暴增，這是政績。房價漲，附近居民感謝，這也是政績。反正市區大面積的土地有財團幫忙規劃（炒作），都發局花點人力與資源來做這些「微改造」也是剛好而已。

## 公部門便宜行事與輕鬆收割的行政技術

有識之士一定會問，這樣的發展（炒作）裡頭有「文化」？其實政府官員並不會沒有「文化素養」，而是他們只想簡單民粹式的分配預算，並且包裝政績讓官位繼續往上爬而已。所以問題應該這麼問：市民自己真的在意「文化」？如果在意，而且因為在意而發聲，展開行動，那麼民粹式的官員也會積極起來。那麼應該要有人接著問，那文化局做了什麼？調查再調查，除了表示遺憾還是表示遺憾（有公共意義的建築物被拆除時的台詞）。所以文化局消極（但於對於鐵道另一側的駁二卻是積極過頭），都發局就把自己當文化局經營。自己本務的區域規劃以及整合性的上位計畫，只有基層公務員自己寫寫報告交差了事，沒人當一回事。沒

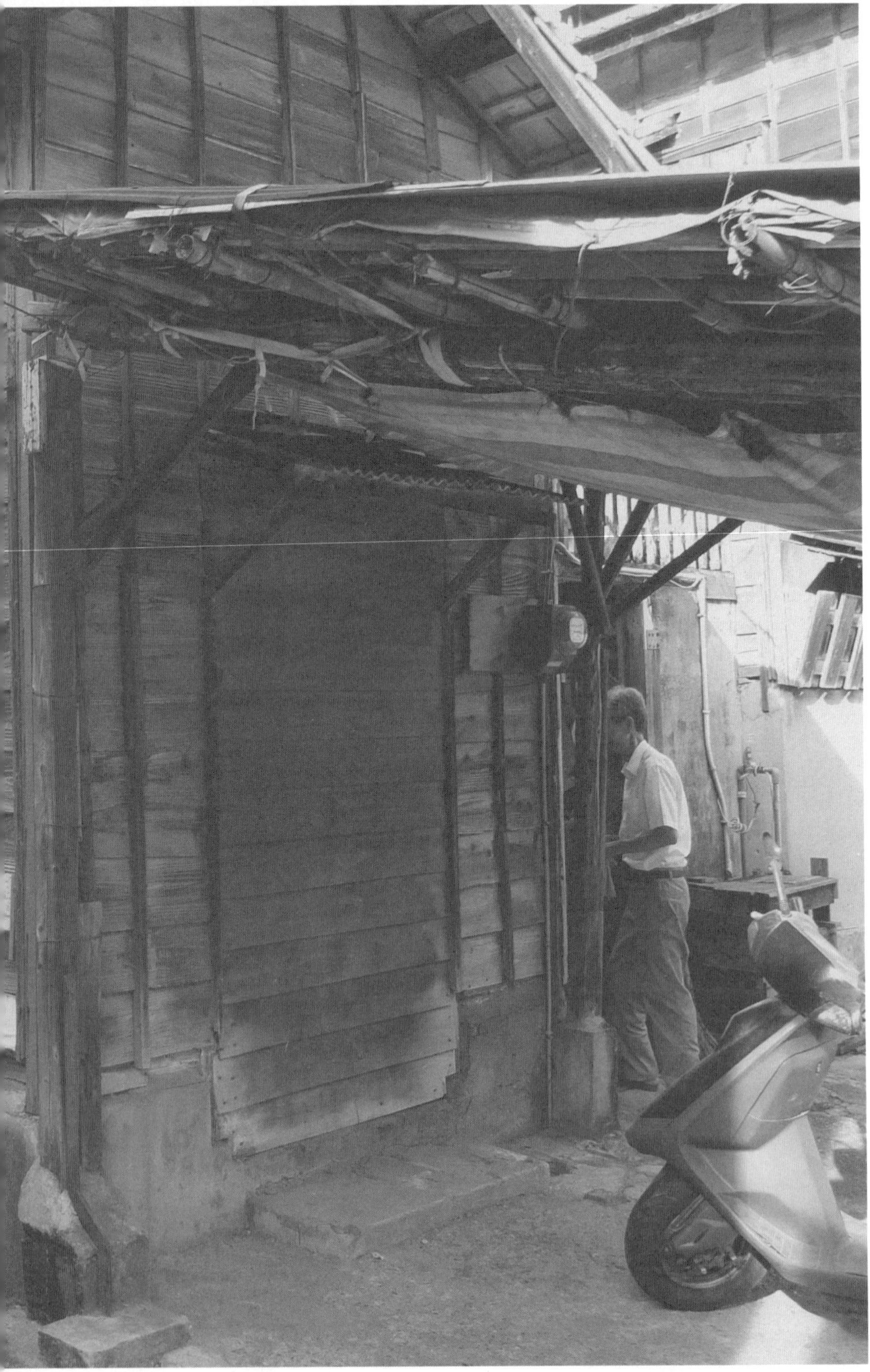

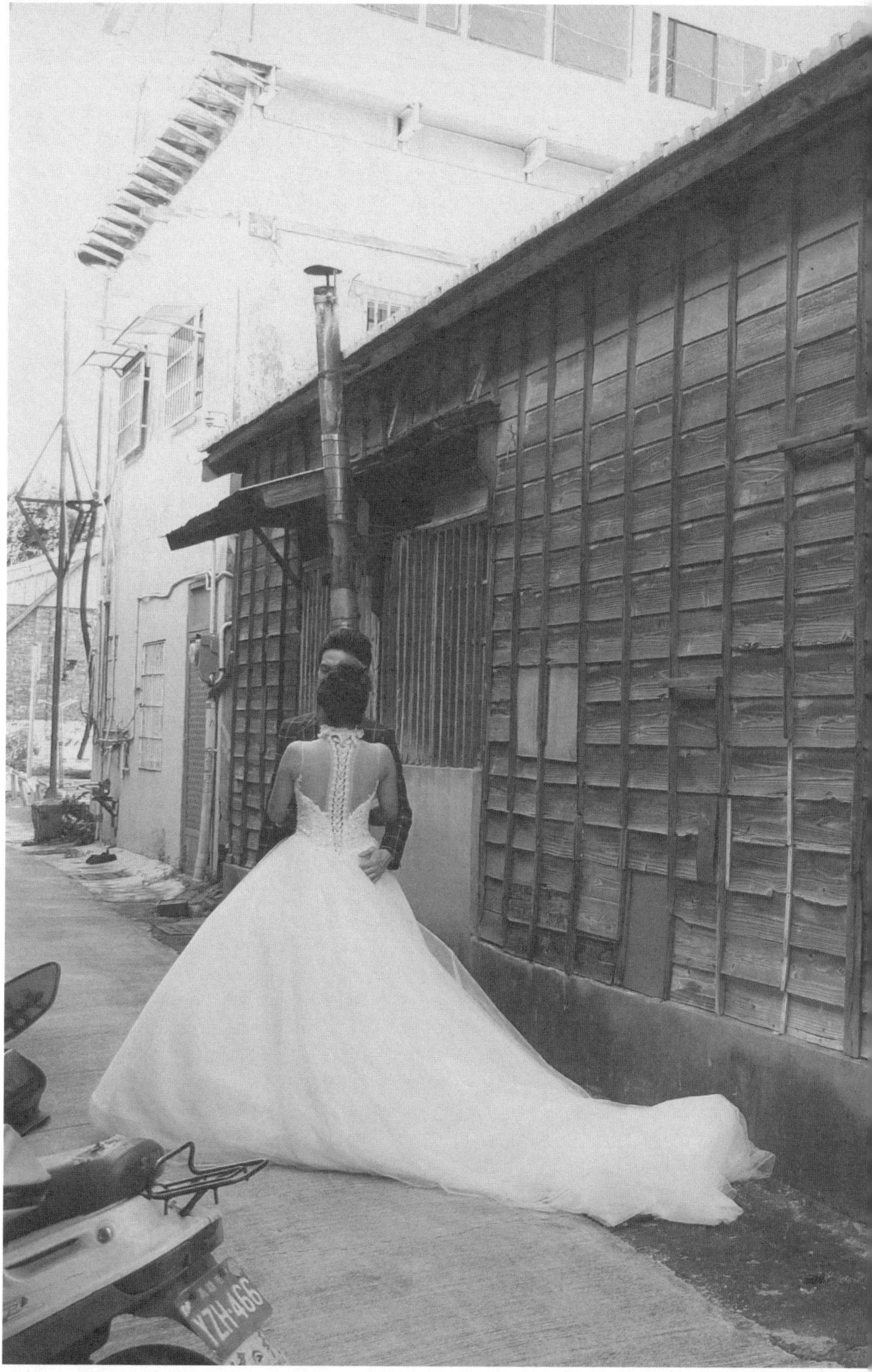
YZH-466

有整體觀點，然後觀光局就只能也只會在中國團客的數字上努力或想辦法拉一個纜車（冷飯熱炒），交通局頭痛醫頭腳痛醫腳，海洋局忙著推銷海產，不見港口的幾百年文化，民政局（區公所）也跑來插一腳賣海產文化。

最傻的，就是有一群人，前仆後繼，榨乾所有個人資源與心力，做盡各種推廣介面的活動，希望與居民、所有關心生活的民眾互動，溝通交流影響。等到社會氛圍起來，或是民氣可用，政府或有錢的單位就立刻進場，收割所有成果，變成政績與商機。拿鐮刀簡單，拿鋤頭不易。希望看了這本書，會有更多人願意拿起鋤頭翻土，鬆動大家對於生活的刻板價值與觀點。

高雄港
近悅

# 第三部門與公民力量的未來



哈瑪星新濱街廓的保存過程中，看似在保存文化資產，但其實在做的是公民意識的交流與對話工作。台灣社會對於第三部門的認識薄弱，除了宗教團體，一般人幾乎無法想像非政府組織可以做什麼。以打狗文史再興會社來說，組織的機緣起於新濱街廓的拆除危機。因為危機近在眼前，站在抗爭的角度，街廓居民與一起協助的參與者很快就有共同的基礎與訴求。如果說拆遷是一顆炸彈的話，市府回應「緩拆」後就變成一顆引信被拿掉的未爆彈。立即危機感解除，但是炸彈沒有消失，何時會爆？也可能永遠不爆，但沒有人會想要和一顆未爆彈天天生活在一起。這是打狗文史再興會社成立以來，面對的難題。因為會社也無法移除未爆彈，那這樣會社要做什麼？除了這顆炸彈，是不是還有別的角色可以扮演，還可以有什麼樣的功能與任務？

## 在路上：摸石過河的非典型之路

其實難題的背後，問題的核心還是在這國家的教育與社會風氣，都只想快速獲得解答，不想去經歷過程所必要花費的「時間」。居民只想獲得一個簡單二分的答案（要留要走一句話），有些社會聲音認

為指定成具有文資地位的建築或景觀就沒事；有些認為可以靠自己的政治人脈解決；有些認為直接和民代合作與市長達成共識解決；有些旁觀者則認為這些都沒有用的，自由市場經濟會決定，該拆的拆，不要阻礙地方發展（其實是既得利益者的房地產）……試問，如果這麼容易就可以有美好的結局，那事情怎麼還會卡關多年？或是認為自己方式可以有效處理的人怎麼不行動？事實上，公部門處理爭端通常喜歡「套」模式，不過類似的議題，台灣各地也是差不多時間才開始延燒，沒有一個真正多贏的處理模式，況且就算有，外顯的經驗脈絡與高雄市的也不同，無法複製使用。於是，地方根據自己在地的歷史、生活文化、政治、經濟、氣候環境、學術機構等等層面的脈絡，整合各領域的切入角度與資源，還有市民的各種想法與期待，提煉出屬於當地的經驗模式，去面對種種問題，成了必然得做的一個工作，就算現在不做，日後還是有人要做。所以會社雖然在各方眼中的角色與樣貌都很模糊，但思索這些問題也成了不得不做的任務。

會社的任務之於這個城市，以企業部門來說，應該是研發部；以公部門來說，應該是研考會，面對近憂與遠慮，去探索、調查、研究與倡議。它是使用資源卻沒有實際產出東西的單位，產出的無形成果，也無法立刻換成金錢。但一個成熟有為的公私部門，會很重視這單位。最大的差別只有公私部門的研發人員是坐在辦公室或實驗室，用各種科學工具與數據去探索。而像會社這種的組織，從日常環境清潔整理到史料法規的研究調查，什麼都要做。其中最耗費時間與心力的就是要像傳教士般不斷跟各界、各階層人士溝通互動。但這是公民意識能夠抬頭，民眾腦中價值觀有可能稍微改變的肉身化工程，如果沒有這樣具體而微的累積工程，任何想尋求捷徑改變現況的事務，也只是暫時治標的方式，未爆彈依然存在。

## 在路上：眾人之路

這麼說來，問題似乎是龐大且複雜，要耗費許多年才能有點成果？是的，古今台外的歷史已經告訴我們答案：這些時間成本是一定要付出的，無法快速跳過，也沒有速成絕招。只是比起既往歷史，還算幸運的是，現在科技條件快速提升，傳播的速度變快、成本變低。社交網路崛起，公民運動也可以更快速的集結，訊息傳播流動也能跨縣市跨國界。在會社成立滿三年之際，評價就留給社會大眾。但一路以來的演講分享、培訓、實習生帶領、活動互動，面對面的接觸以及後續的關注，會社確實影響了不少人。像是關注台中車站及周邊文化資產的「台中文史復興組合」，以及紀錄基隆港都記憶的「雞籠霧雨」等單位，都與會社相互感染而回鄉投入文化運動的實際例子。

但不論在哪個地方，現階段台灣的非政府組織，特別是可能會與地方經濟發展（房地產思維）立場稍有出入的單位，所面臨的困難應該都差不多。因為是走非典型的路線（如果典型路線可以解決的話問題也不會存在這麼久），策略與方法上未必與公部門相同（有短期選票考量），所以必須和政治力保

持距離，不能倚賴公部門補助。畢竟拿了補助，就很難有獨立的言論與真正的監督。一般民眾也沒有時間與心力去認識瞭解議題與組織，募款不易。雖是非營利導向的組織，但工作人員的生活基本開銷，甚至照顧家人的費用也都是基本的經費需求。一旦沒有財源，這些城市的研發與行動部門就很難永續經營，也很難留住長期為這城市工作的優秀人才。

錢是問題，卻也不是問題。問題的核心，或許是台灣人民因為近代政治脈絡，雖是一個民主體制國家，但「公共性」的概念卻還沒有普及，除了貼身的自家利益，其他的事情都是政治人物或民意代表的事情，與我無關，容易自我放棄權利與義務。然而，生活在這時代的地球，中東打仗，全世界所有的能源與石化用品都會漲價；北京沙塵暴，台灣空氣中懸浮粒子也會暴增……，故不論從環境、氣候、經濟、政治、文化等層面來看，沒有什麼事情是獨善其身，或只想取好處而不想付出任何代價就可以生活無虞的。「公民」兩字的意義應當是，為了美好的明天，付出自身責任，去爭取生活更完善的權利，同時，也應該要有出錢出力的義務來達成這目標。其實，公民並不孤單。如果一起走這路徑的人愈來愈多，那麼打狗文史再興會社，或是其他組織存在與否、是否真有意義，相對之下就不是那麼重要了。重要的是：自己的生活方式（文化），自己可以ＸＸ（在意／照顧／呵護／創造／分享／行動）。

教室大門設計
LON
DON

# 附錄

# 近年高雄港區&會社大事紀

| 時間 | 高雄市港區發展 | 拆除爭議 | 民間／會社 |
| --- | --- | --- | --- |
| 2007 | **建設**<br>十二月—興建高雄港洲際貨櫃中心 | **拆除**<br>紅毛港百年聚落①遷村完成<br>三月—大公路橋西側原鐵路局②日式宿舍區 | **抗爭**<br>自一九八〇年代，紅毛港社區成立自救會展開長期抗爭行動<br>**抗爭**<br>七月—「打狗五金老街保存發展協會」成立 |
| 2008 | 三月—高雄捷運開通<br>**建設**<br>愛台十二項建設—高雄港市再造方案：建設港區生態園區、海洋科技文化中心、高雄自由貿易及生態港、亞太營運中心計畫及改造哈瑪星、鼓山、苓雅等舊港區……<br>**建設**<br>三月—委託荷蘭ＫＷＦ團隊進行整體空間規劃行動方案，持續推動舊港區的再造計畫<br>六月—市府完成「高雄聖陶沙—改造旗津地區成為高雄國際級海洋遊樂區」計畫<br>**都更**<br>臨海二路貫通計畫，預計橫切貫穿高雄港站核心區域，開闢三十米寬道路，提供哈瑪星對外交通和停車場 | **拆除**<br>九月—「鹽埕綠八開闢工程」動工，沿公園二路建築聚落強制拆除，五金街③消失<br>十月—五福四路與大智路口日式連棟街屋④拆除<br>十一月—鹽埕大智市場⑤拆除<br>**消失**<br>十一月—高雄港站⑥（原打狗驛，興建於一九〇八年）開出末班車，部分停駛 | **公民團體**<br>「縱貫線鐵道保存協會」籌備處成立 |
| 2009 | 六月—高雄市區鐵路地下化計劃動工<br>七月—舉辦世界運動會 | **徵收**<br>市政府強制徵收最後一批舢舨船，百年船渡運輸走入歷史<br>**危機**<br>內惟路六米巷道開闢公告，計畫將拆毀李氏祖厝⑦ | **運動**<br>九月—「打狗驛古蹟指定聯盟」成立，發起高雄港站鐵道文化園區保存運動 |

| 2010 | 2011 |
|---|---|
| 十二月—縣市合併<br>陳菊連任高雄市長<br>**文資**<br>十月—文化局認養臺鐵局高雄港車站，委託由鐵道文化協會進駐營運，「打狗鐵道故事館」開館<br>**都更**<br>十月—都發局公告「臺鐵高雄港站及臨港沿線再開發更新地區之都市更新計畫」，其中高雄港站主要區域均予劃為第三種商業區 | 開放中國客自由行<br>壽山國家自然公園成立<br>**建設**<br>亞洲新灣區首部曲：高雄展覽館、市立總圖書館、水岸輕軌<br>高雄世貿會展中心開發<br>**競圖**<br>二月—高雄市都發局舊港區周邊倉庫文化創意園區設計競圖徵選活動<br>四月—舊打狗驛（高雄港站）文化保存與都市再發展徵圖<br>八月—高雄港站都市更新競圖<br>國際旅運中心國際競圖<br>十一—十五號碼頭海洋文化及流行音樂中心競圖<br>港務局「高雄港水岸明珠」計畫 |
| **拆除**<br>三月—建國四路自由之家旅社⑧拆除<br>八月—大公路新興街口公道機車行（原榮美金銀商⑨）拆除<br>十二月—旗津國小（高雄第一公學校）教職員宿舍群拆除<br>十二月—旗後教會⑩拆除改建 | **拆除**<br>一月—高雄港站員工宿舍及週邊建物拆除（含運轉室、檢車段、維修工廠等）<br>九月—高雄港彰化銀行倉庫⑪拆除<br>十月十一日—鹽埕大舞台戲院山牆被發現在未申請拆除執照的情況下遭到拆除破壞 |
|  | **搶救**<br>十月十二日—鹽埕大舞台戲院，文化局暫定古蹟 |

## 2012

**建設**

十月—市立總圖動工

**開闢**

一月—鹽埕綠八工程第三期完工（大勇路至新興街段）

**危機**

三月—哈瑪星新濱街廟，因市府一紙拆遷公文，開啟保存運動。

三月—內惟李氏百年祖厝日前因政府開闢六米道路面臨拆除危機，開啟保存運動。

**拆除**

永豐餘企業於哈瑪星臨海路之辦公服務舊址拆除

**公聽會**

五月四日—吳益政議員主持，從「哈瑪星新濱老街廟拆遷問題」看待高雄市都市計畫和老街、聚落共存關係公聽會。

**組織**

七月—打狗文史再興會社辦公室成立

九月—會社正式立案為人民團體

**活動**

四月—開辦走讀哈瑪星文化導覽

十二月—哈瑪星文化資產推廣教育論壇暨工作坊

## 2013

**開闢**

十一月—鹽埕綠八工程第四期工程完成（五金街：新興街至大安街段）

**文資**

文化局委託高雄大學建築所進行「高雄市鼓山區廣三歷史街廓建築史及人文脈絡調查研究計畫」調查案

**都更**

七月—位於壽山國家自然公園東側的台泥鼓山廠，通過高雄市都發局都計變更為住宅區、商業區

**文資**

九月—文化局委託高雄師範大學進行「高雄市『哈瑪星』歷史研究及其歷史性建築物文史調查計畫」

十一月—打狗英國領事館文化園區，經修復後重新開幕

**建設**

十月—高雄展覽館完工

十一月—港阜旅運中心開工

**拆除**

一月—大公陸橋⑫拆除

三月—內惟李氏祖厝後方古厝拆除

四月—哈瑪星鼓南街日式建築（原高雄關稅局辦公室）拆除

五月—哨船頭安船街清代舊槍樓⑬拆除

五月—內惟陳家古厝右臂遭拆除

七月—哈瑪星臨海二路街屋陳宅⑭

十月—鹽埕大舞台戲院拆除

十月—哈瑪星大光行⑮拆除

**會議**

六月—鼓山區公所於自強里活動中心招開「鼓山內惟路三六五巷旁六米巷道開闢工程」施工中說明會，攸關內惟李氏祖厝存留。

**活動**

二月—哈瑪星新濱老街廟常民美學攝影展

九月—會社木工班第一班開課

**打狗講堂**

九至十一月—《環境、建築與人文》系列講座

**出版**

二月—《哈瑪星時空旅圖》發行

六月—會社登記為社團法人

十一月—《濱線追憶—哈瑪星的五四三》出版

十一月—《美耐斯的鹽埕戀歌・鹽埕漫步地圖》發行

| 2014 | 2015 |
| --- | --- |
| 七月─高雄氣爆事故<br>**都更**<br>十一月─旗津特定觀光區都更通過<br>國防部二〇五前鎮區兵工廠遷廠，規畫發展國際金融商貿，成為亞洲新灣區第二階段旗艦計畫<br>**文資**<br>文化局委託成功大學進行「高雄市哈瑪星歷史街區劃設之研究計畫」<br>**建設**<br>三月─海洋文化及流行音樂中心開工 | **都更**<br>新草衙⑱土地處理自治條例<br>夢時代第二、三期開發計畫<br>**建設**<br>一月─高雄市總圖正式營運<br>七月─輕軌第一期水岸路線完工（籬仔內站─凱旋、一心路口─至凱旋中華站）<br>八月─台鋁舊廠址「MLD台鋁生活商場」開幕<br>**計畫**<br>二月─交通局公告「西子灣旅遊接駁中心與觀光街車計畫」興建大型停車場、旅遊接駁中心，引進雙層觀光巴士<br>二月─都發局公告高雄市建築風貌營造整建裝修及經營補助計畫，補助對象以四十年以上歷史風貌老屋為重點<br>四月─都發局委託高雄大學辦理哈瑪星「湊町漫遊祭」等活動<br>五月─都發局委託高雄市建築師公會成立輔導團隊─「舊品新妝。老屋生活提案」，輔導旗津／哈瑪星／岡山老屋復舊整修或媒合經營團隊 |
| **拆除**<br>六月─鼓山二路日式老屋巧芳髮廊⑯<br>七月─台泥鼓山廠區，日治時期之工業建設與設備陸續拆除<br>**危機**<br>九月─哈瑪星貿易商大樓⑰原定拆除，文化局暫定古蹟<br>**公聽會**<br>八月─「台泥高雄廠未來區域發展願景」公聽會 | **拆除**<br>三月─台泥鼓山廠單筒儲存槽進行拆除作業。<br>四月─雄鎮北門外港務局宿舍拆除<br>六月─鹽埕區大安街警察宿舍拆除<br>**危機**<br>四月─鹽埕區慶雲藥行⑲原訂拆除，文化局暫定古蹟<br>**公聽會**<br>三月─哈瑪星地區交通改善公聽會<br>**行動**<br>四月二十二日─哈瑪星願景聯盟與哈瑪星居民阻街快閃行動，抗議每日平均兩百台大型遊覽車進入社區<br>八月二十二日─白風箏行動「拒賣文史資產，爭取鐵道全區保留！」 |
| **公民團體**<br>七月─淺野水泥株式會社高雄工廠保存推動團體成立<br>**活動**<br>十月─慢工出細活生活工藝工作坊<br>十一月─哈瑪星插畫展開展<br>十一月─哈瑪星物語小劇場<br>**木工班**<br>木工二班、三班開班<br>十二月─木工班木門實作<br>**打狗講堂**<br>二至六月─「消逝與再現的民間遺角」系列講座 | **木工班**<br>一月─木隔扇氣窗<br>五月─木構廁所改造<br>**打狗講堂**<br>三月─「古蹟的十道陰影─高雄文化遺產」推廣講座<br>**活動**<br>六月─哈瑪星文史導覽人才培訓班<br>七月─打狗文化探索營國小夏令營<br>**公民團體**<br>四月─哈瑪星願景聯盟成立 |

資料族繁不及備載，部分公共建設計畫時間僅作參考／打狗文史再興會社 製表

①紅毛港為傳統漁村聚落，歷史悠久，曾經是日治時期高雄烏魚漁獲的主要產地，一九六七年紅毛港聚落因為被劃入工業區、港區計畫之中，而實施禁建，並計畫遷村，二〇〇六年紅毛港展開拆除作業，僅保留部分殘破文物於新闢的文化園區，原址則成為高雄港洲際貨櫃中心的一部分。

②興華街、建國四路、北斗街及北端街範圍街廓，建築型態為日治時期的四連棟宿舍，一層樓二坡水瓦作，曾為台鐵員工宿舍區，目前已拆除作為停車場。

③鹽埕區公園二路俗稱大五金街，昔日稱為沙仔地，由於靠近淺水碼頭，獲地利之便，遂逐漸發展成為拆船業廢五金買賣的集中地，二〇〇八年高雄市政府以整頓景觀、開闢公園為由，拆除公園二路北側極具價值的日治時期街屋及木造宿舍。

④鹽埕區五福四路與大智路口的三層樓連棟街屋，為日治時期典型受到折衷主義影響的建築，是高雄少見規模龐大的街屋，簡潔的外觀覆以土黃色溝面磚，騎樓壯碩的圓柱為特色之一，目前已拆除作為停車場。

⑤鹽埕大智市場，原址為日治時期遊廓的帶狀綠園，戰後一九五〇年代攤販佔據加蓋，爾後市政府接管成為公有市場，二〇〇八年年因配合鹽埕區整體「風華再造」政策，遭到拆除，道路重整後，日治時期的綠園遺跡亦一併消失。

⑥高雄港站，日治時期打狗驛，興建於一九〇〇年，為當時南台灣貨運樞紐商貿往來重要據點，也奠定哈瑪星的繁榮市景。

⑦內惟李氏祖厝，創建於清代，李氏為當地望族，祖厝曾於一九一六年大修，雙護龍的三合院格局至今仍保存完整，二〇〇九年公告的六米巷道開闢計畫將穿過古厝正身。

⑧自由之家旅社，前身美軍第二俱樂部，後改為旅社使用，建築受現代主義影響，外觀簡潔，轉角處圓柱狀的塔樓為其特色。

⑨榮美金銀商街屋，外觀以洗石子為主要裝修，山頭有花草圖騰及姓氏的裝飾，轉角以圓弧造型處理，爾後租予公道機車行，於二〇一〇年遭惡意拆除。

⑩旗後教會由英國馬雅各醫師（James Laidlaw Maxwell）創立於西元一八六五年，至今已有近一百五十年的宣教歷史，為台灣基督長老教會第一間設立的禮拜堂，現址為第三會址，舊禮拜堂為西元一九三五年（昭和十年）所改建之樣貌，改建前已有近八十年的歷史，在二〇〇八年時因為舊禮拜堂內部部分結構出現龜裂之現象，便開始計畫改建，隔年拆除舊禮拜堂。

⑪高雄港彰化銀行倉庫，日治時期建築，規模偌大，設有太子樓（氣樓），建築緊鄰昔日堀江水道。

⑫大公陸橋，台灣第一座陸橋（一九三四年），也是台灣第一座鋼筋混凝土橋樑，跨越高雄臨港線鐵道，橋樑結構曾於一九九九年更換改建。後來由於臨港線停駛多年，地方居民認為陸橋成為交通瓶頸，高雄市政府遂在二〇一二年進行拆除作業。

⑬哨船頭舊槍樓，建材由廈門磚、咾咕石、花崗岩混構，為清代建築，見證哨船頭地區的發展歷史。

⑭臨海二路五十五號陳宅，為典型哈瑪星的轉角街屋造型，外觀以洗石子為主要裝修，山頭有花草圖騰及姓氏的裝飾，二樓有陽台出挑，作工精緻。

⑮哈瑪星大光行，建於一九五〇年代末期，前身為合作金庫，為哈瑪星金融街的見證，後由大光行購入，屋頂採用寄棟式鋪瓦頂，立面以四根仿科林新柱式為主要視覺，柱身細長且有凹槽，下方各有一托座，亭仔腳的柱身有淺綠色貼面磚之裝修。

⑯鼓山二路巧芳髮廊，為日式木造平房，破風處有木構狐格子的裝飾。

⑰哈瑪星貿易商大樓，戰後興建之建築作品，屹立在寬闊的驛前通上，外觀高聳的建築，曾是哈瑪星地區最高建築之一。原為華僑商業銀行所使用，一九六四年由高雄市進出口商業同業公會整修後，改為其辦公大樓，並命名為「貿易商大樓」，爾後公會搬離，該棟建築物閒置，僅部分空間作為倉庫使用。建築外觀受到折衷主義影響，以垂直向上的元素作為主要視覺，頂端設有旗杆座，騎樓柱頭有簡單的線腳裝飾。

⑱新草衙地區，位於前鎮區中山路以西，臨海工業區及新生路以東，前鎮運河以南，漁港路以北，面積約三十二公頃。因高雄拆船業興起後，吸引外縣市勞工就地興建住所，住民多屬經濟弱勢族群。

⑲慶雲藥行，為三層樓的七連棟紅磚街屋建築，具大正時期的建築表現風格，轉角處以圓弧造型處理並設有出挑的露台與托次坎柱。街屋屋頂鋪設黑瓦，建物之室內樓地板採彈性的鋼索地板，是大正年間流行的做法，但現今保存完整者已經十分罕見。

# 新濱老街木工班

## 一場關於文化及城市的再興運動

出版單位　社團法人高雄市打狗文史再興會
執行編輯　曾愉芬
撰　　文　曾愉芬、陳坤毅、黃朝煌、謝一麟、盧昱瑞
　　　　　王威棋、梁俊仁、陳美君、趙函潔、蕭孟曲
校　　對　林芸竹、鄭耀翔、盧思蓉
插　　畫　邱奕巽、蔡之苓
封面設計　盧昱瑞
美術設計　陳瑀聲
照片提供　盧昱瑞、藍傑鴻
指導單位　文化部文化資產局、高雄市政府文化局文化資產中心
出版單位　社團法人高雄市打狗文史再興會
單位地址　高雄市鼓山區捷興二街十八號
網　　址　https://www.facebook.com/TakaoKaisha
電子信箱　takaokaisha@gmail.com
電　　話　（〇七）五三二一五八六七
印　　刷　英倫國際文化事業股份有限公司
出版一刷　二〇一五年九月
版　　次　第一版第一刷
ISBN　978-986-90158-1-3
定　　價　新台幣三百二〇元